クイズで学べる！

こども世界情勢

池上彰 監修

KADOKAWA

はじめに

日本《にほん》では近年《きんねん》、海外《かいがい》から多《おお》くの観光客《かんこうきゃく》が訪《おとず》れ、「インバウンド」（本書《ほんしょ》10ページ）という言葉《ことば》も注目《ちゅうもく》されています。オーバーツーリズム（観光地《かんこうち》に訪問客《ほうもんきゃく》が集中《しゅうちゅう》し、地域住民《ちいきじゅうみん》の生活《せいかつ》や周辺環境《しゅうへんかんきょう》に悪影響《あくえいきょう》が出《で》ること）などの問題《もんだい》も出《で》てきていますが、どんなかたちであれ、国際交流《こくさいこうりゅう》が活発化《かっぱつか》すれば海外《かいがい》へ目《め》が向《む》くことも多《おお》くなり、私《わたし》たち自身《じしん》の「世界《せかい》への関心《かんしん》」が高《たか》まるのは当然《とうぜん》でしょう。

ではいま、世界《せかい》で何《なに》が起《お》きているのか。特《とく》に挙《あ》げるとすれば、混乱《こんらん》が続《つづ》く「ウクライナ問題《もんだい》」や「パレスチナ問題《もんだい》」、経済発展《けいざいはってん》を続《つづ》ける「グローバルサウス」、自国第一《じこくだいいち》を掲《かか》げる「トランプ大統領《だいとうりょう》の就任《しゅうにん》」などがあります。こうした「世界《せかい》情勢《じょうせい》」について、子《こ》どもたちはいったいどれほど知《し》っているのでしょうか？

子《こ》どもたちにとって、世界《せかい》の出来事《できごと》やその背景《はいけい》を知《し》ることは、世《よ》の中《なか》を理解《りかい》し、未来《みらい》を生《い》きていくための第一歩《だいいっぽ》となります。たとえば、中国《ちゅうごく》や韓国《かんこく》、北朝《きたちょう》鮮《せん》など日本《にほん》の周辺国《しゅうへんこく》との関係《かんけい》は気《き》にかかるところですし、最近《さいきん》の中学入試《ちゅうがくにゅうし》などでは「時事問題《じじもんだい》」も重視《じゅうし》され、ウクライナ侵攻《しんこう》についての知識《ちしき》も問《と》われたりしています。

この本《ほん》では、そうした世界情勢《せかいじょうせい》に関《かん》する話題《わだい》を35のテーマに分《わ》け、それぞれを楽《たの》しいイラスト図解《ずかい》をまじえたクイズ形式《けいしき》で紹介《しょうかい》しました。「世界《せかい》はいまどうなっているのか」「その出来事《できごと》の背景《はいけい》には何《なに》があるのか」、そして「私《わたし》たちはそれをどのように考《かんが》えていけばいいのか」をわかりやすく解説《かいせつ》していきます。

子《こ》どもはもちろん、親御《おやご》さんや家族《かぞく》みんなで読《よ》んで、この一冊《いっさつ》で「世界《せかい》で起《お》きていること」を楽《たの》しみながら学《まな》んでくれることを心《こころ》から願《ねが》っています。

池上《いけがみ》彰《あきら》

もくじ
CONTENTS

第《だい》3章《しょう》 「宗教《しゅうきょう》と社会《しゃかい》」の世界情勢《せかいじょうせい》

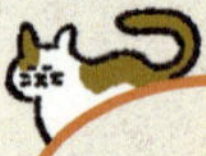

第《だい》4章《しょう》 「国《くに》と国《くに》」のつながり

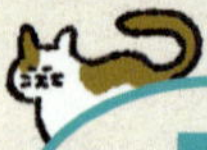

第《だい》5章《しょう》 「お金《かね》と経済《けいざい》」の動《うご》きを知《し》ろう

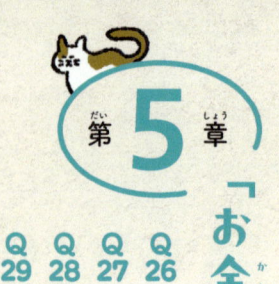

第《だい》6章《しょう》
「資源《しげん》と未来《みらい》」の世界情勢《せかいじょうせい》

STAFF
ブックデザイン・DTP 根本佐知子（梔図案室）
イラスト 山中正大
校正 長谷川万里絵
帯写真 関野温
執筆・編集協力 岩佐陸生

この本《ほん》の使《つか》い方《かた》

世界情勢《せかいじょうせい》に関《かん》する35のテーマを、クイズ形式《けいしき》で紹介《しょうかい》しています。1つのテーマはそれぞれ計《けい》4ページで成《な》り立《た》っていて、1ページ目《め》の右上《みぎうえ》にQUESTION《クエスチョン》（質問《しつもん》）、3ページ目《め》の右《みぎ》にANSWER《アンサー》（答《こた》え）を掲載《けいさい》しています。

扱《あつか》っているテーマを、イラスト図解《ずかい》しています。答《こた》えに結《むす》びつくヒントが、ここで見《み》つかるかもしれません

QUESTION《クエスチョン》ページ

QUESTION《クエスチョン》を読《よ》んで、その下《した》の①～③の選《せん》択肢《たくし》のなかから1つを選《えら》んでみましょう

ANSWER《アンサー》ページ

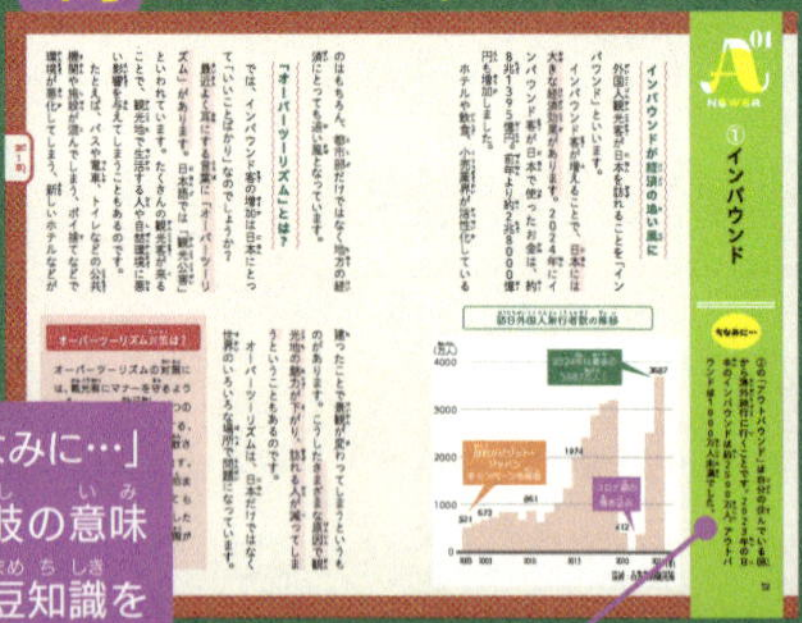

ANSWER《アンサー》はQUESTION《クエスチョン》の答《こた》えです。その下《した》にある「ちなみに…」では、ほかの選択肢《せんたくし》の意味《いみ》や、正答《せいとう》に関《かん》する豆知識《まめちしき》をかんたんに紹介《しょうかい》しています

文章《ぶんしょう》と図《ず》を読《よ》むことで、扱《あつか》っているテーマについての理解《りかい》が深《ふか》まります

この本《ほん》を読《よ》めば
世界情勢《せかいじょうせい》がもっと身近《みぢか》に!

第《だい》1章《しょう》

「日本《にほん》の情勢《じょうせい》」を知《し》っておこう

世界情勢《せかいじょうせい》を知《し》るためには、まずは「日本《にほん》で何《なに》が起《お》きているか」を把握《はあく》しておくことが重要《じゅうよう》です。訪日外国人《ほうにちがいこくじん》や少子高齢化《しょうしこうれいか》、領土問題《りょうどもんだい》など、日本《にほん》が抱《かか》える課《か》題《だい》をこの章《しょう》で学《まな》びましょう。

QUESTION 01

外国人《がいこくじん》が日本《にほん》を訪《おとず》れることをなんという？

① インバウンド　② アウトバウンド　③ リバウンド

ごみがあふれてる
ごみのポイ捨《す》て
ぜんぜん乗れない
BUS
混雑《こんざつ》や渋滞《じゅうたい》
危ない！
ルール・マナーの問題《もんだい》
外国人観光客《がいこくじんかんこうきゃく》が増《ふ》えすぎると何《なに》が問題《もんだい》？

過《か》去《こ》最《さい》高《こう》の訪《ほう》日《にち》外《がい》国《こく》人《じん》数《すう》

観光地《かんこうち》や街中《まちなか》で、外国人観光客《がいこくじんかんこうきゃく》の姿《すがた》を目《め》にすることが増《ふ》えてきました。日本政府観光局《にほんせいふかんこうきょく》の推計《すいけい》によると、2024（令和《れいわ》6）年《ねん》に日本《にほん》を訪《おとず》れた外国人《がいこくじん》の数《かず》は過去最高《かこさいこう》の約《やく》3687万人《まんにん》。コロナ禍前《かまえ》の2019（令和《れいわ》元《がん》）年《ねん》を約《やく》500万人《まんにん》も上回《うわまわ》りました。

これほどまでに訪日外国人《ほうにちがいこくじん》が増《ふ》えた背景《はいけい》には、日本《にほん》の四季折々《しきおりおり》の自然《しぜん》の美《うつく》しさや伝統文化《でんとうぶんか》、温泉《おんせん》、グルメ、アニメなどの豊《ゆた》かな観光資源《かんこうしげん》があります。「円安《えんやす》」（118ページ）によって、日本《にほん》への旅行《りょこう》が比較的安《ひかくてきやす》くできるようになったのも大《おお》きな要因《よういん》です。

○×ホテル
おみやげ
おみやげ
生活環境《せいかつかんきょう》の変化《へんか》
騒音《そうおん》
いつも行っていた八百屋さんがなくなっちゃった
プライバシーの侵害《しんがい》
パシャッ

ANSWER 01

①インバウンド

ちなみに…

②の「アウトバウンド」は自分《じぶん》の住《す》んでいる国《くに》から海外旅行《かいがいりょこう》に行《い》くことです。2023年《ねん》の日《に》本《ほん》のインバウンドは約《やく》2500万人《まんにん》、アウトバウンドは1000万人《まんにん》未満《みまん》でした。

インバウンドが経《けい》済《ざい》の追《お》い風《かぜ》に

外国人観光客《がいこくじんかんこうきゃく》が日本《にほん》を訪《おとず》れることを「インバウンド」といいます。

インバウンド客《きゃく》が増《ふ》えることで、日本《にほん》には大《おお》きな経済効果《けいざいこうか》があります。2024年《ねん》にインバウンド客《きゃく》が日本《にほん》で使《つか》ったお金《かね》は、約《やく》8兆《ちょう》1395億円《おくえん》。前年《ぜんねん》より約《やく》2兆《ちょう》8000億《おく》円《えん》も増加《ぞうか》しました。

ホテルや飲食《いんしょく》、小売業界《こうりぎょうかい》が活性化《かっせいか》している

訪日外国人旅行者数《ほうにちがいこくじんりょこうしゃすう》の推移《すいい》

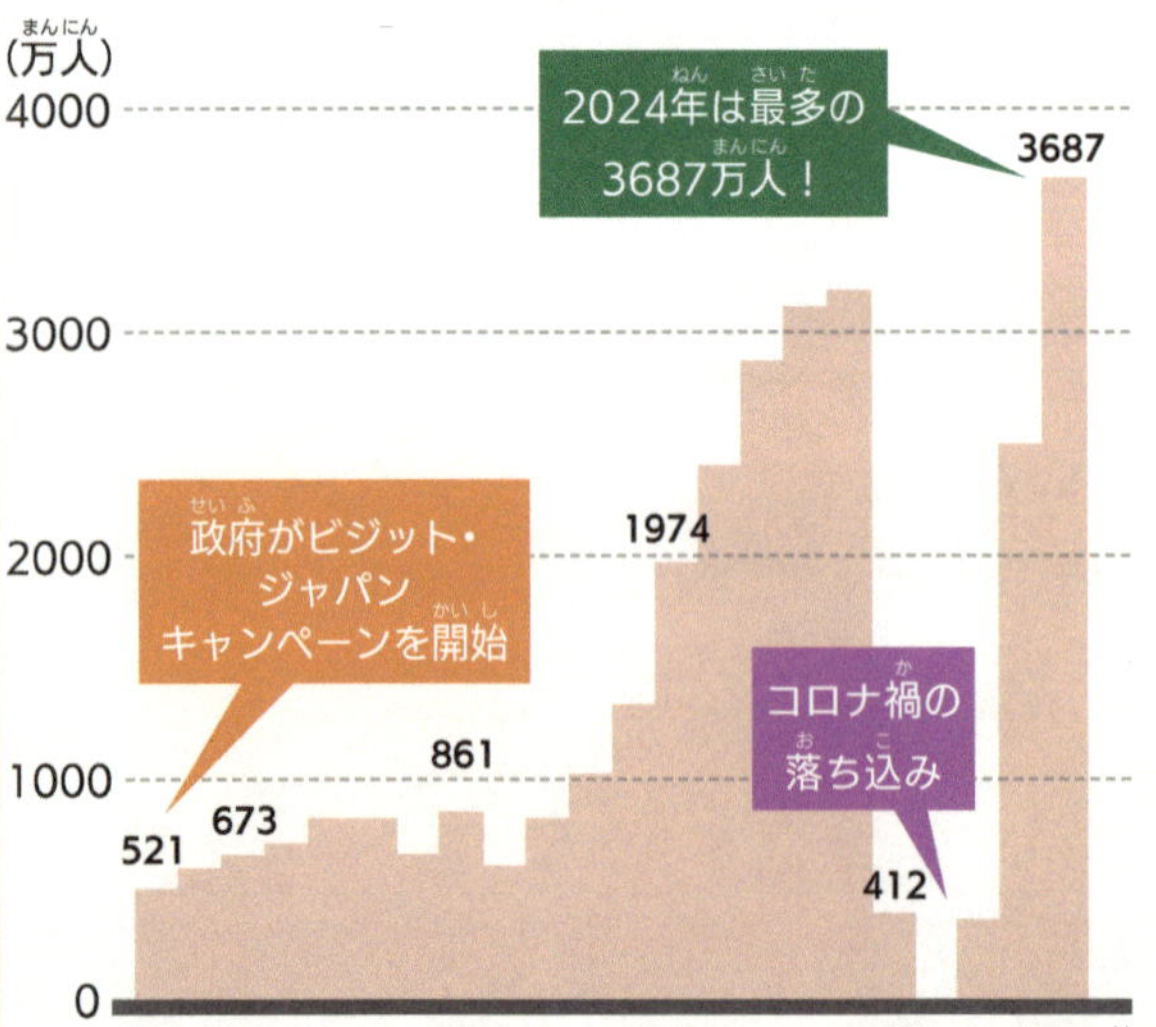

(万人《まんにん》)
4000
3000
2000
1000
0
2024年《ねん》は最多《さいた》の3687万人《まんにん》！
3687
政府《せいふ》がビジット・ジャパンキャンペーンを開始《かいし》
1974
861
673
521
コロナ禍《か》の落《お》ち込《こ》み
412
2003
2005
2010
2015
2020
2024
(年《ねん》)

出所《しゅっしょ》：日本政府観光局《にほんせいふかんこうきょく》

のはもちろん、都市部《としぶ》だけではなく地方《ちほう》の経《けい》済《ざい》にとっても追《お》い風《かぜ》となっています。

「オーバーツーリズム」とは？

では、インバウンド客《きゃく》の増加《ぞうか》は日本《にほん》にとって「いいことばかり」なのでしょうか？

最近《さいきん》よく耳《みみ》にする言葉《ことば》に「オーバーツーリズム」があります。日本語《にほんご》では「観光公害《かんこうこうがい》」といわれています。たくさんの観光客《かんこうきゃく》が来《く》ることで、観光地《かんこうち》で生活《せいかつ》する人《ひと》や自然環境《しぜんかんきょう》に悪《わる》い影響《えいきょう》を与《あた》えてしまうこともあるのです。

たとえば、バスや電車《でんしゃ》、トイレなどの公共《こうきょう》機関《きかん》や施設《しせつ》が混《こ》んでしまう、ポイ捨《す》てなどで環境《かんきょう》が悪化《あっか》してしまう、新《あたら》しいホテルなどが建《た》ったことで景観《けいかん》が変《か》わってしまうというものがあります。こうしたさまざまな原因《げんいん》で観《かん》光地《こうち》の魅力《みりょく》が下《さ》がり、訪《おとず》れる人《ひと》が減《へ》ってしまうということもあるのです。

オーバーツーリズムは、日本《にほん》だけではなく世界《せかい》のいろいろな場所《ばしょ》で問題《もんだい》になっています。

オーバーツーリズム対策《たいさく》は？

オーバーツーリズムの対策《たいさく》には、観光客《かんこうきゃく》にマナーを守《まも》るように呼《よ》びかける、観光客《かんこうきゃく》が1つの場所《ばしょ》に集中《しゅうちゅう》しないようにする、訪《おとず》れる季節《きせつ》や時間帯《じかんたい》を分散《ぶんさん》させるといった方法《ほうほう》があります。ほかにも、ホテルや旅館《りょかん》に泊《と》まる人《ひと》に宿泊税《しゅくはくぜい》を支払《しはら》ってもらったり、観光地《かんこうち》を有料化《ゆうりょうか》したりするなど、さまざまな対策《たいさく》がとられています。

QUESTION 02

日本《にほん》の人口《じんこう》は2100年《ねん》にどれくらいになると予想《よそう》されている?

① 約《やく》1億《おく》人《にん》

② 約《やく》8000万《まん》人《にん》

③ 約《やく》6000万《まん》人《にん》

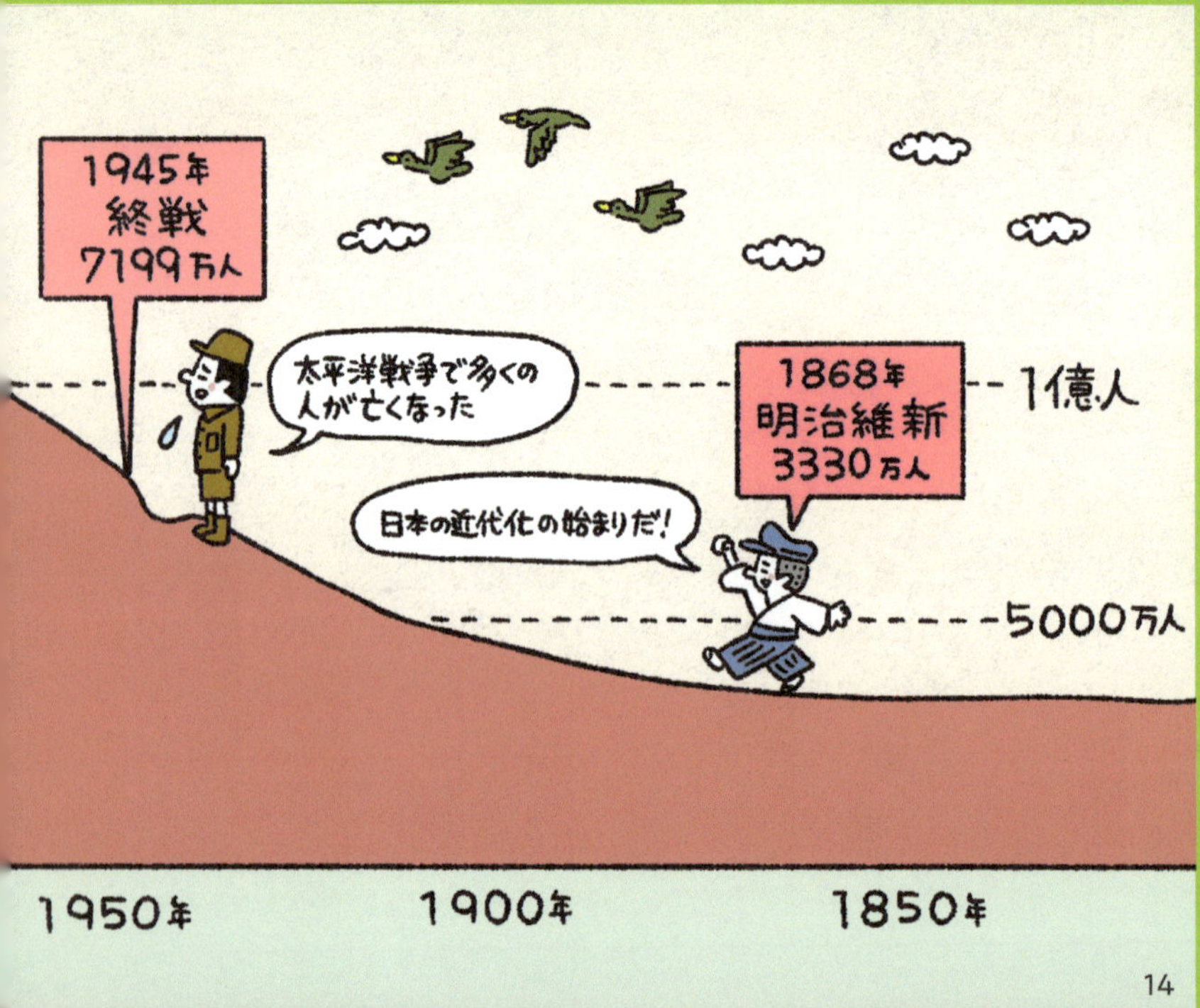

1945年
終戦
7199万人
太平洋戦争で多くの人が亡くなった
1868年
明治維新
3330万人
日本の近代化の始まりだ!
1億人
5000万人
1950年
1900年
1850年

進《すす》む「少子高齢化《しょうしこうれいか》」

日本《にほん》の人口《じんこう》は、2008（平成《へいせい》20）年《ねん》の1億《おく》2808万人《まんにん》をピークに減少《げんしょう》し始《はじ》めています。このままでは2050年《ねん》には約《やく》1億《おく》人《にん》、さらに2100年《ねん》には現在《げんざい》の半分程度《はんぶんていど》にまで減《へ》ると考《かんが》えられています。

日本《にほん》でいま起《お》きているのは、子《こ》どもの数《かず》が減《へ》り、高齢者《こうれいしゃ》が増《ふ》える「少子高齢化《しょうしこうれいか》」です。現在《げんざい》、日本《にほん》の総人口《そうじんこう》に占《し》める65歳以上《さいいじょう》の高齢者《こうれいしゃ》の割合《わりあい》は約《やく》3割《わり》。今後《こんご》その割合《わりあい》はさらに増《ふ》えると予想《よそう》されています。長生《ながい》きする人《ひと》が増《ふ》えるのは悪《わる》いことではありませんが、子《こ》どもが減《へ》り続《つづ》けるとさまざまな問題《もんだい》が起《お》きます。

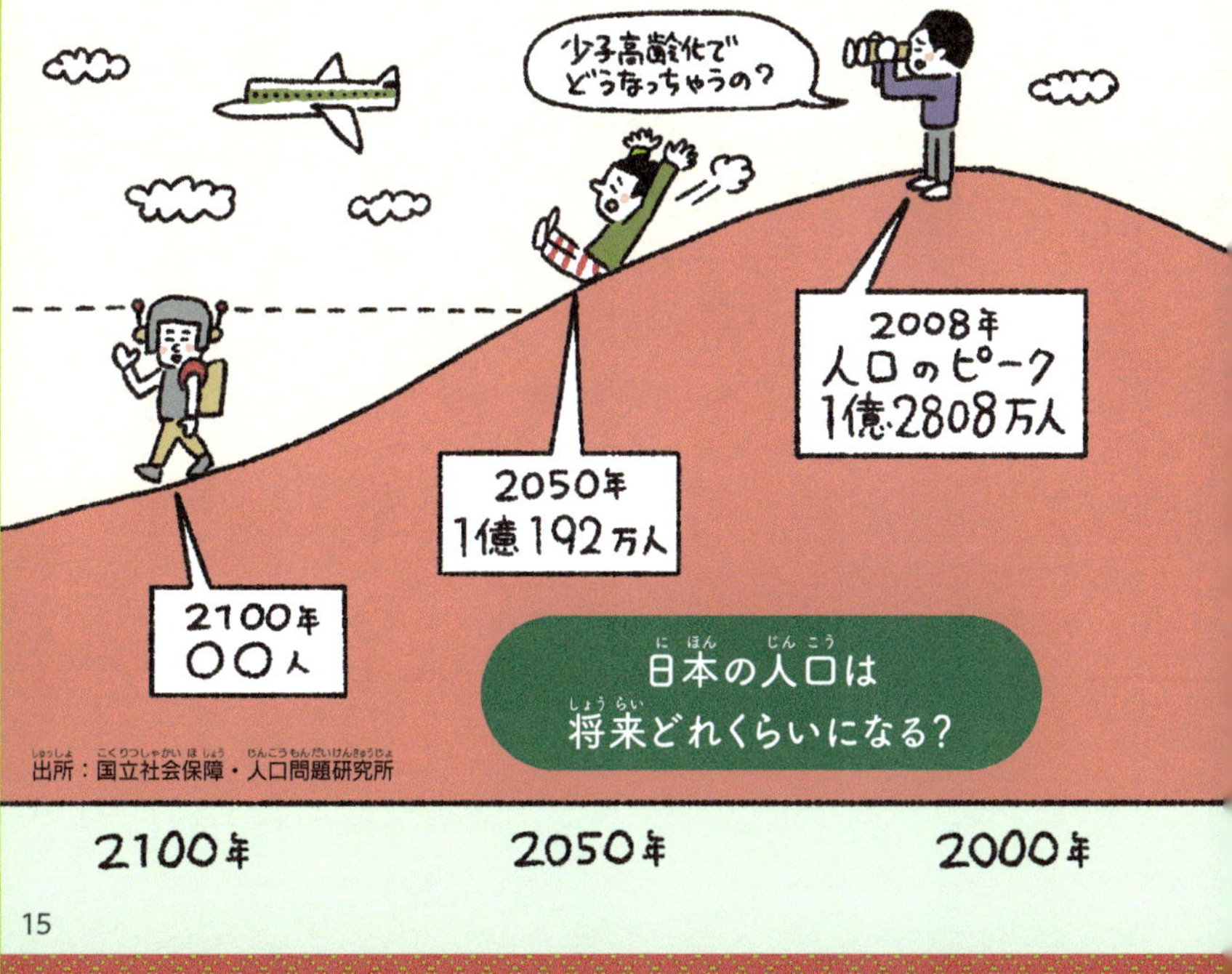
少子高齢化でどうなっちゃうの？
2008年
人口のピーク
1億2808万人
2050年
1億192万人
2100年
〇〇人
日本《にほん》の人口《じんこう》は
将来《しょうらい》どれくらいになる?
2100年
2050年
2000年
出所《しゅっしょ》：国立社会保障《こくりつしゃかいほしょう》・人口問題研究所《じんこうもんだいけんきゅうじょ》

A02 NSWER

③ 約《やく》6000万人《まんにん》

ちなみに…

日本《にほん》の人口《じんこう》は2050年《ねん》に約《やく》1億人《おくにん》、2100年《ねん》には約《やく》6000万人《まんにん》になると予想《よそう》されています。このままだと、日本人《にほんじん》の数《かず》はピーク時《じ》の半分以下《はんぶんいか》になるのです。

働《はたら》き手《て》が足《た》りなくなる⁉

少子高齢化《しょうしこうれいか》が進《すす》むと、「働《はたら》き手《て》」である生《せい》産年齢《さんねんれい》（15～64歳《さい》）人口《じんこう》が減《へ》ります。働《はたら》き手《て》が少《すく》なくなれば、国《くに》や自治体《じちたい》に納《おさ》められる税金《ぜいきん》が減《へ》ります。税金《ぜいきん》が足《た》りないと、道路《どうろ》や施設《しせつ》をつくるなど、国《くに》や自治体《じちたい》が国民《こくみん》のためにおこなう仕事《しごと》ができなくなります。公的《こうてき》な年金《ねんきん》や健康保険《けんこうほけん》などに必要《ひつよう》なお金《かね》は、高齢者《こうれいしゃ》が増《ふ》えるほど多《おお》くなっていきます。

減《へ》り続《つづ》ける日本人《にほんじん》の出生数《しゅっしょうすう》

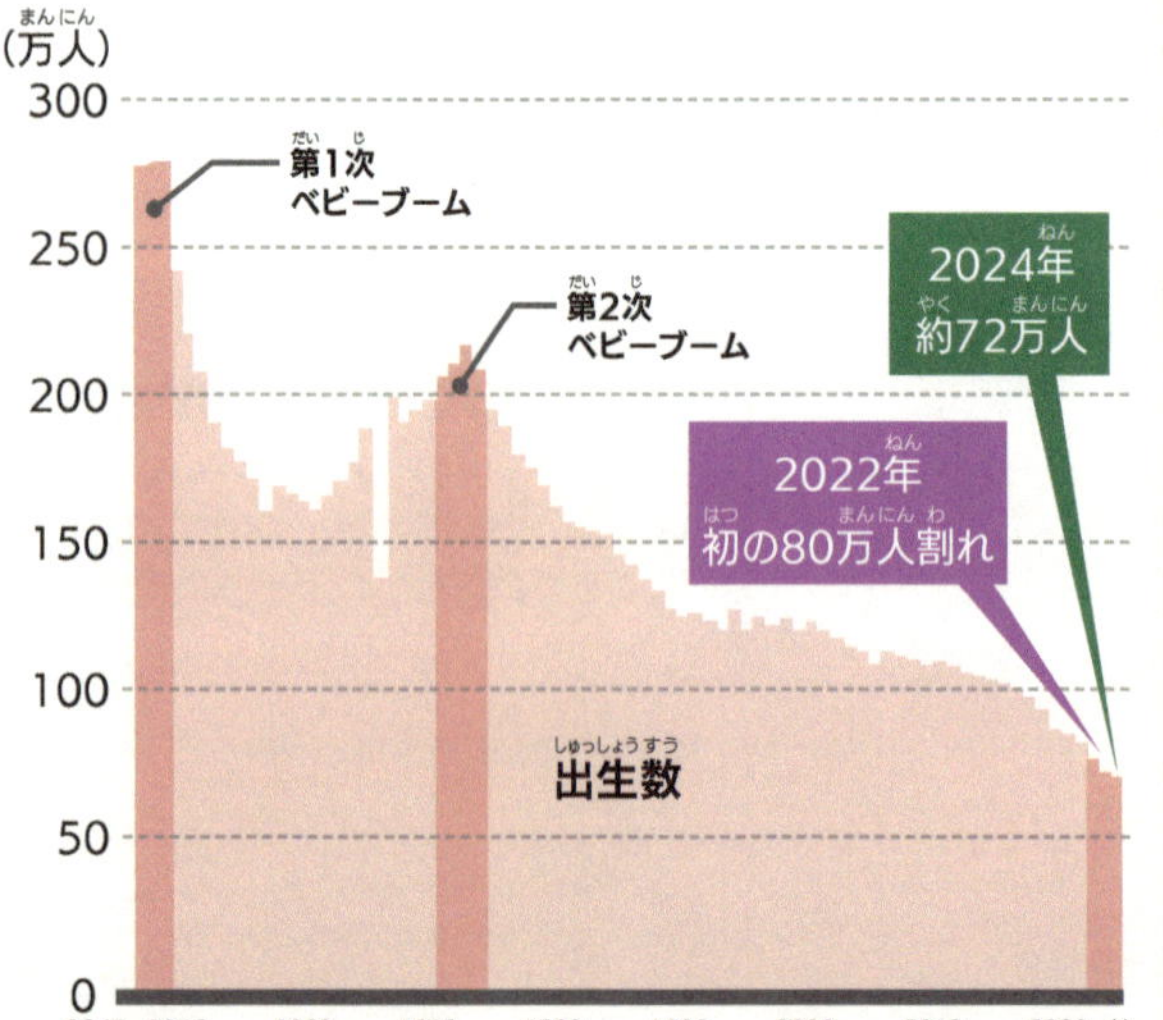

（万人《まんにん》）
300
250
200
150
100
50
0
1947
1950
1960
1970
1980
1990
2000
2010
2020
（年《ねん》）
第《だい》1次《じ》ベビーブーム
第《だい》2次《じ》ベビーブーム
2024年《ねん》 約《やく》72万人《まんにん》
2022年《ねん》 初《はつ》の80万人割《まんにんわ》れ
出生数《しゅっしょうすう》

出所《しゅっしょ》：厚生労働省《こうせいろうどうしょう》「人口動態統計《じんこうどうたいとうけい》」

そうなると、税金《ぜいきん》はいまより高《たか》くなるかもしれませんし、受《う》け取《と》る年金《ねんきん》の額《がく》も減《へ》ってしまうかもしれません。このように、日本《にほん》を支《ささ》えているさまざまな制度《せいど》やサービスが、立《た》ちゆかなくなってしまう可能性《かのうせい》があるのです。

子《こ》どもを安心《あんしん》して育《そだ》てられる国《くに》に

日本人《にほんじん》の出生数《しゅっしょうすう》は年々《ねんねん》減《へ》っていて、2019（令和元《れいわがん》）年《ねん》に約《やく》90万人《まんにん》、22年《ねん》に約《やく》80万人《まんにん》となり、24年《ねん》には約《やく》72万人《まんにん》と、過去最《かこさい》少《しょう》を記録《きろく》しています。これは、政府《せいふ》が予想《よそう》していたよりも速《はや》いペースです。

日本《にほん》で少子化《しょうしか》が急激《きゅうげき》に進《すす》んでいるのは、子《こ》どもを育《そだ》てる環境《かんきょう》が厳《きび》しいのも大《おお》きな要因《よういん》です。学費《がくひ》や食費《しょくひ》など、子育《こそだ》てにはたくさんお金《かね》がかかります。それなら子《こ》を持《も》つことはあきらめようと考《かんが》える人《ひと》も少《すく》なくないのです。

子《こ》どもを安心《あんしん》して育《そだ》てられる環境《かんきょう》を国《くに》が整《ととの》えれば、少子化《しょうしか》のスピードはいまよりゆるやかになるかもしれません。

日本《にほん》が世界《せかい》のお手本《てほん》に!?

少子高齢化《しょうしこうれいか》や人口減《じんこうげん》は、決《けっ》して日本《にほん》だけの課題《かだい》ではありません。2050年《ねん》までに世界《せかい》の55の国《くに》と地域《ちいき》で人口《じんこう》が減《へ》ると予想《よそう》されています。世界《せかい》に先駆《さきが》けて直面《ちょくめん》した働《はたら》き手不足《てぶそく》や経済規模《けいざいきぼ》の縮小《しゅくしょう》などの問題《もんだい》に、日本《にほん》が今後《こんご》うまく対応《たいおう》できれば、これから同《おな》じような問題《もんだい》を抱《かか》えるであろう国々《くにぐに》にとって「いいお手本《てほん》」となるかもしれません。

QUESTION 03

日本《にほん》の海岸線《かいがんせん》の長《なが》さは世界第何位《せかいだいなんい》？

① 6位《い》

② 35位《い》

③ 61位《い》

「日本《にほん》の海《うみ》」は国土《こくど》の約《やく》12倍《ばい》

世界地図《せかいちず》を見《み》て日本《にほん》を「小《ちい》さな島国《しまぐに》」と思《おも》っている人《ひと》も多《おお》いかもしれません。

確《たし》かに、日本《にほん》の国土面積《こくどめんせき》は約《やく》38万平方《まんへいほう》キロで世界第《せかいだい》61位《い》にすぎません。ところが、海岸線《かいがんせん》の長《なが》さは地球《ちきゅう》1周《しゅう》の8割以上《わりいじょう》にあたる約《やく》3万《まん》5600キロ。自国《じこく》の海《うみ》である領海《りょうかい》と、他国《たこく》が勝手《かって》に漁《りょう》などをできない排他的経済水域《はいたてきけいざいすいいき》（EEZ《イーイーゼット》）を合《あ》わせると、国土面積《こくどめんせき》のおよそ12倍《ばい》の約《やく》447万平方《まんへいほう》キロにもなります。

このように世界有数《せかいゆうすう》の海域《かいいき》を持《も》つ日本《にほん》は、島《しま》とその周辺《しゅうへん》の海《うみ》をめぐって、いくつかの「領土問題《りょうどもんだい》」を抱《かか》えています。

「日本《にほん》の海《うみ》」と領土《りょうど》問題《もんだい》

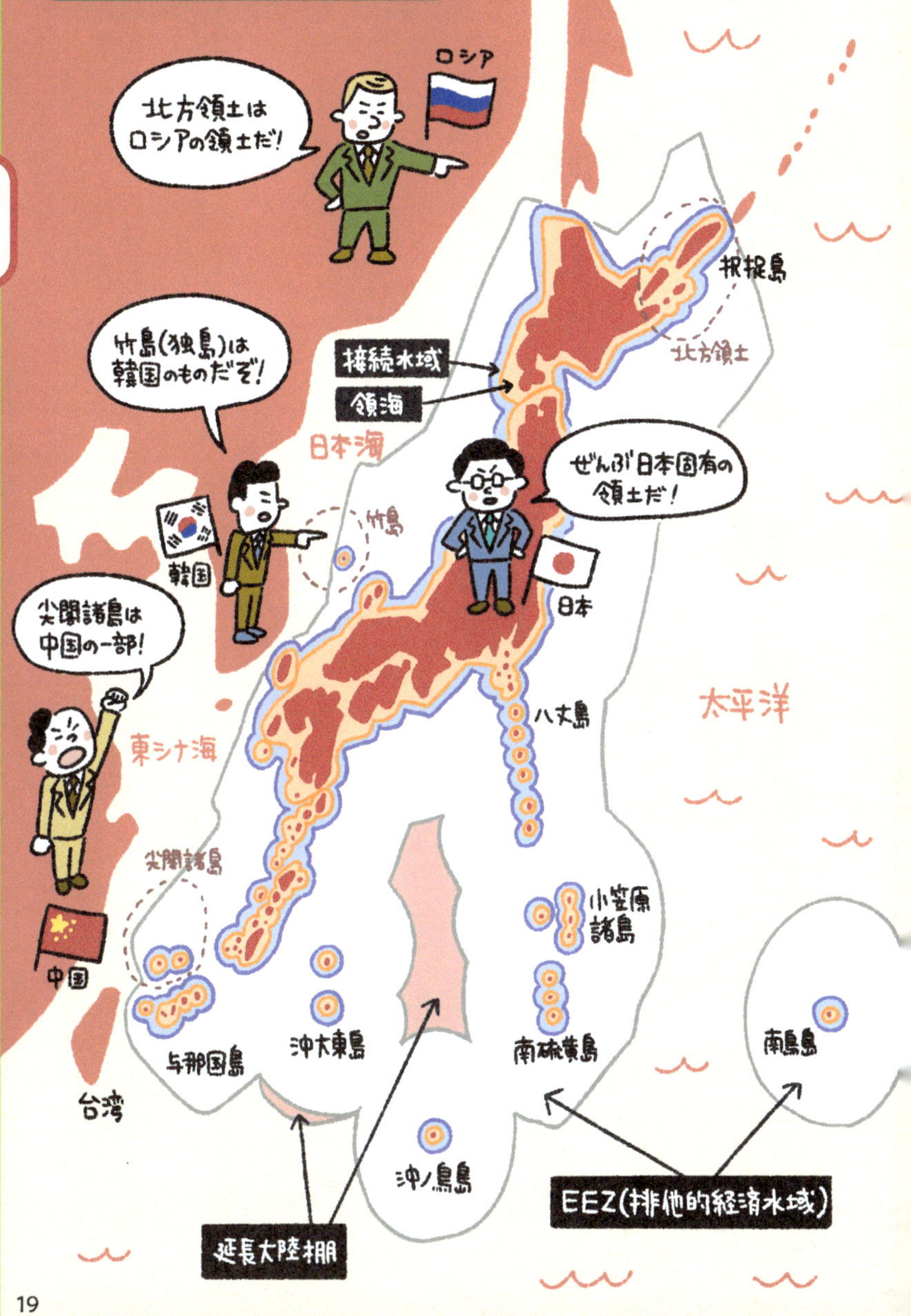
ロシア
北方領土はロシアの領土だ!
竹島(独島)は韓国のものだぞ!
尖閣諸島は中国の一部!
ぜんぶ日本固有の領土だ!
択捉島
北方領土
接続水域
領海
日本海
竹島
韓国
日本
八丈島
太平洋
東シナ海
尖閣諸島
小笠原諸島
中国
与那国島
沖大東島
南硫黄島
南鳥島
台湾
沖ノ鳥島
EEZ(排他的経済水域)
延長大陸棚

A 03 NSWER

① 6位《い》

3つの領土問題《りょうどもんだい》

日本《にほん》が抱《かか》える領土問題《りょうどもんだい》は3つあります。

1つ目《め》は、ロシアとの間《あいだ》の「北方領土《ほっぽうりょうど》」問題《もんだい》です。北方領土《ほっぽうりょうど》とは北海道《ほっかいどう》の北東部《ほくとうぶ》にある4つの島《しま》（歯舞群島《はぼまいぐんとう》・色丹島《しこたんとう》・択捉島《えとろふとう》・国後島《くなしりとう》）のことで、第二次世界大戦《だいにじせかいたいせん》の終戦前後《しゅうせんぜんご》にロシアがこの4島《とう》を占領《せんりょう》しました。

日本《にほん》は「返《かえ》してほしい」とロシアに返還《へんかん》を求《もと》め続《つづ》けていますが、現在《げんざい》も実現《じつげん》していま

「国《くに》の海《うみ》」の決《き》まりごと

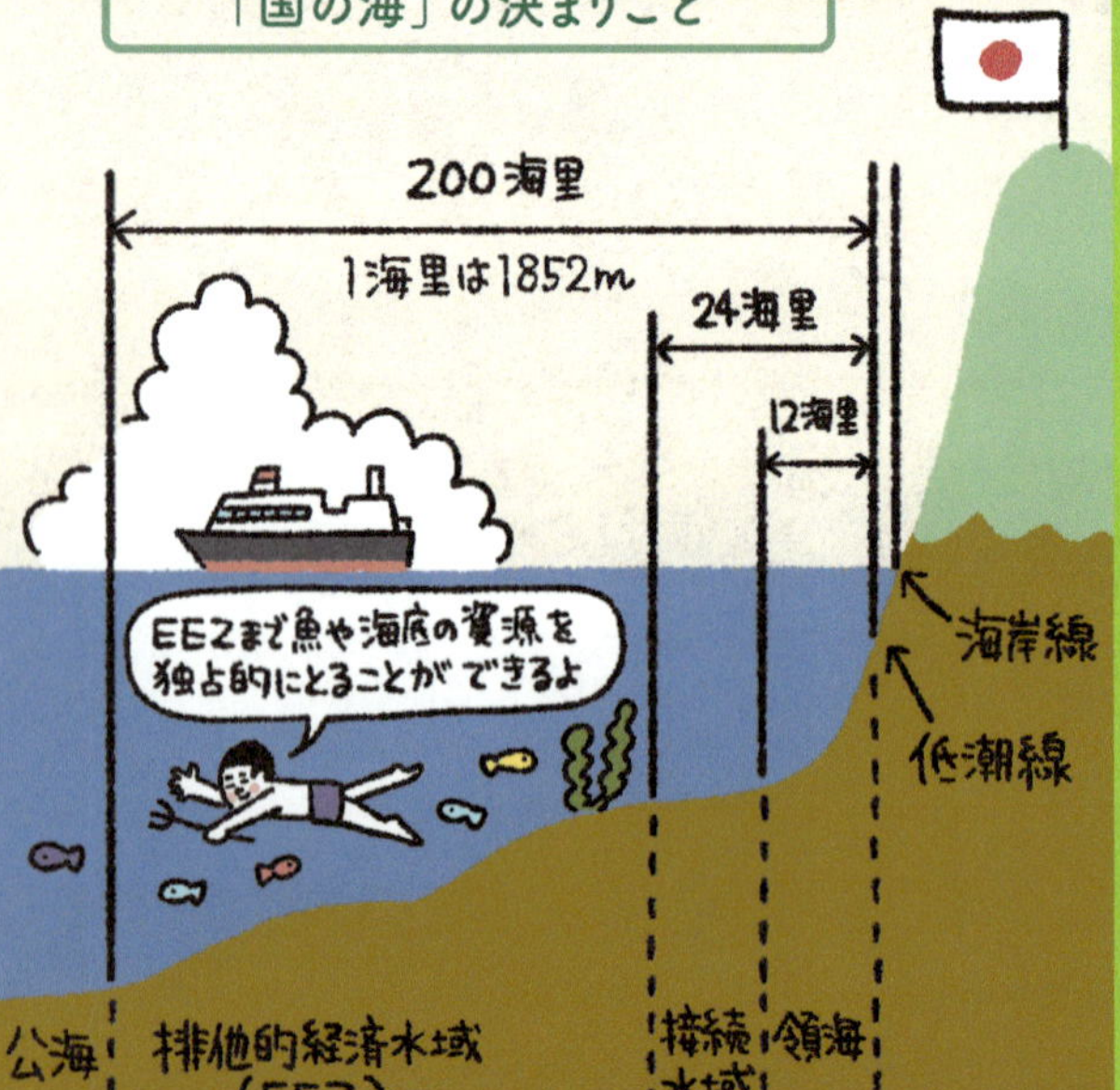
200海里
1海里は1852m
24海里
12海里
EEZまで魚や海底の資源を独占的にとることができるよ
海岸線
低潮線
公海
排他的経済水域（EEZ）
接続水域
領海

ちなみに…

国土地理院《こくどちりいん》によると、日本全国《にほんぜんこく》には1万《まん》4125もの島《しま》があります。日本《にほん》は国土面積《こくどめんせき》では世界《せかい》第61位《だいい》ですが、EEZ《イーイーゼット》と領海《りょうかい》を合《あ》わせた面積《めんせき》も、海岸線《かいがんせん》の長《なが》さも、世界第6位《せかいだいい》です。

せん。

2つ目《め》は、韓国《かんこく》との間《あいだ》の「竹島《たけしま》（韓国名《かんこくめい》・独島《ドクト》）」問題《もんだい》です。竹島《たけしま》は日本海《にほんかい》の南西部《なんせいぶ》にあります。戦後《せんご》、日本《にほん》がアメリカに占領《せんりょう》されていた時期《じき》に韓国《かんこく》が「自分《じぶん》たちのものだ」と言《い》い出《だ》し、一方的《いっぽうてき》に取《と》り込《こ》んで不法占拠《ふほうせんきょ》をしています。

3つ目《め》は、中国《ちゅうごく》との間《あいだ》で抱《かか》えている「尖閣諸島《せんかくしょとう》」問題《もんだい》です。東《ひがし》シナ海南西部《かいなんせいぶ》にある尖閣諸島《せんかくしょとう》を、中国《ちゅうごく》は「我々《われわれ》の領土《りょうど》だ」と主張《しゅちょう》しています。

海底《かいてい》に眠《ねむ》る資源《しげん》を求《もと》めて

領土問題《りょうどもんだい》を抱《かか》えるこれらの島々《しまじま》は、豊《ゆた》かな漁場《ぎょじょう》であるだけでなく、その周辺《しゅうへん》に石油《せきゆ》や天然《てんねん》ガスをはじめとする海底資源《かいていしげん》が眠《ねむ》っていると考《かんが》えられています。

こうした資源《しげん》を「自分《じぶん》たちのものにしたい」という思惑《おもわく》もからみ合《あ》って、各国《かっこく》がゆずれない領土争《りょうどあらそ》いを続《つづ》けているのです。

日本政府《にほんせいふ》の考《かんが》えは?

竹島《たけしま》や尖閣諸島《せんかくしょとう》は、歴史的《れきしてき》にも国際法上《こくさいほうじょう》も日本《にほん》の領土《りょうど》です。日本政府《にほんせいふ》は竹島問題《たけしまもんだい》の平和的《へいわてき》な解決《かいけつ》をめざしています。一方《いっぽう》、尖閣諸島《せんかくしょとう》をめぐっては「解決《かいけつ》しなければならない領有権問題《りょうゆうけんもんだい》はそもそも存在《そんざい》しない」というのが日本《にほん》の立場《たちば》です。つまり、日本政府《にほんせいふ》にとっての「領土問《りょうどもん》題《だい》」は、北方領土《ほっぽうりょうど》と竹島《たけしま》の2つだけなのです。

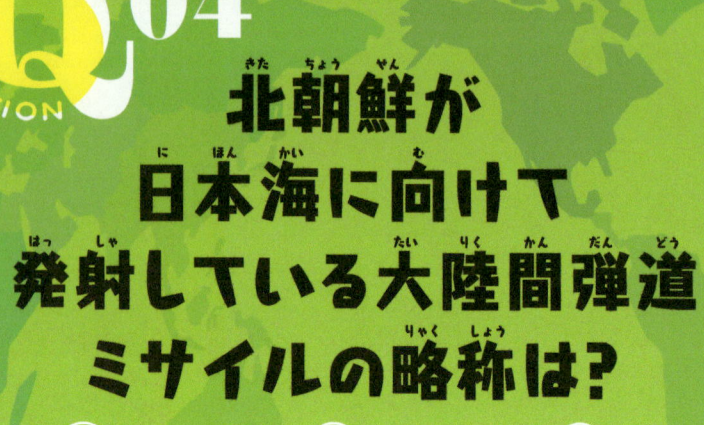

QUESTION 04

北《きた》朝《ちょう》鮮《せん》が日《に》本《ほん》海《かい》に向《む》けて発《はっ》射《しゃ》している大《たい》陸《りく》間《かん》弾《だん》道《どう》ミサイルの略《りゃく》称《しょう》は?

① IAEA《アイエーイーエー》

② ICBM《アイシービーエム》

③ THAAD《サード》

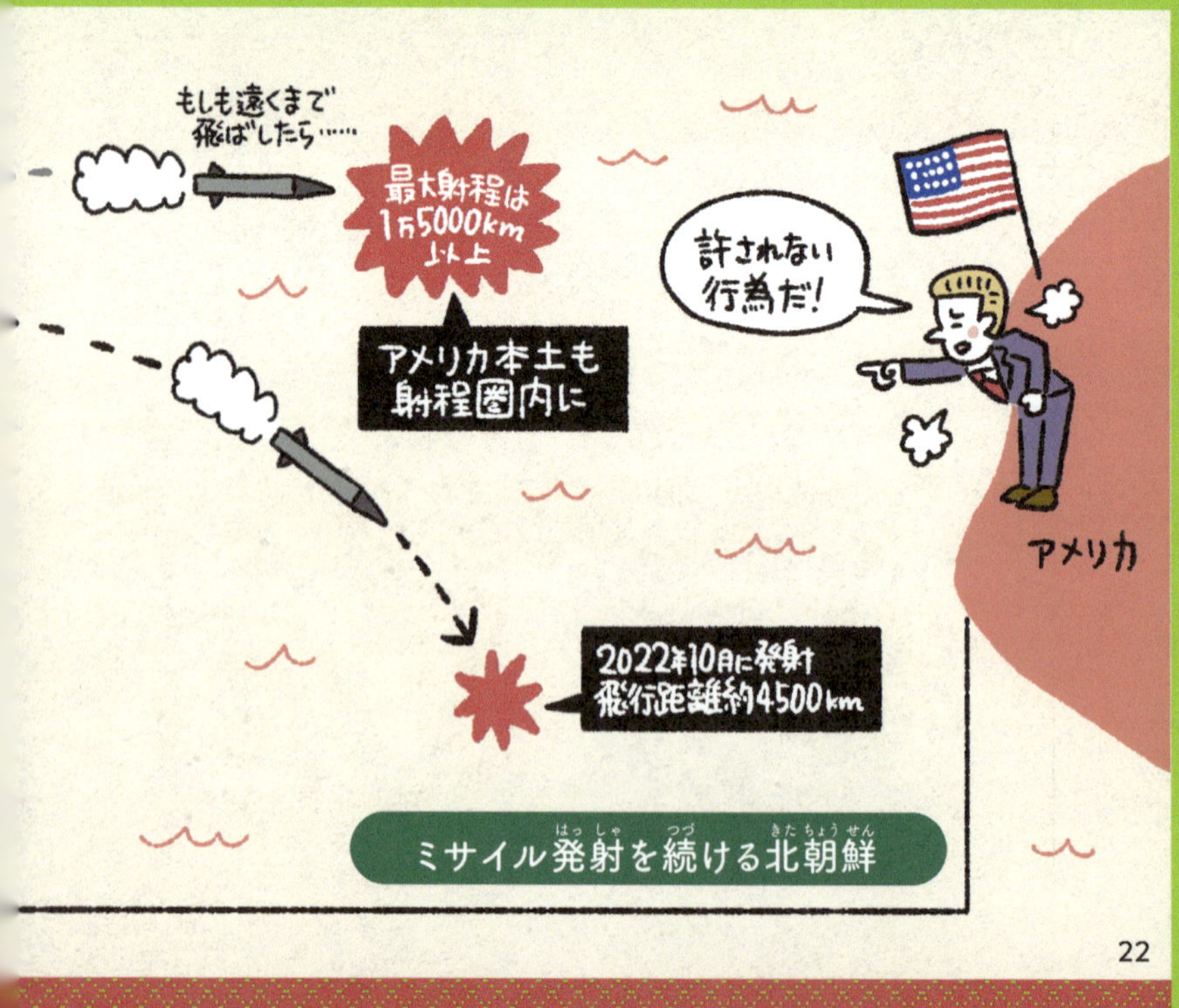
もしも遠くまで
飛ばしたら……
最大射程は
1万5000km
以上
アメリカ本土も
射程圏内に
許されない
行為だ!
アメリカ
2022年10月に発射
飛行距離約4500km
ミサイル発射《はっしゃ》を続《つづ》ける北朝鮮《きたちょうせん》

北朝鮮《きたちょうせん》のミサイルは大《おお》きな脅威《きょうい》

「北朝鮮《きたちょうせん》からミサイルが発射《はっしゃ》されたものとみられます」。J《ジェイ》アラート（全国瞬時警報《ぜんこくしゅんじけいほう》システム）の警報《けいほう》が鳴《な》りひびき、北朝鮮《きたちょうせん》のミサイル発射《はっしゃ》が通知《つうち》されることがあります。

朝鮮半島《ちょうせんはんとう》の北部《ほくぶ》にある北朝鮮《きたちょうせん》（朝鮮民主主義人民共和国《ちょうせんみんしゅしゅぎじんみんきょうわこく》）のミサイルや核開発《かくかいはつ》は日本《にほん》にとって大《おお》きな脅威《きょうい》です。

国際社会《こくさいしゃかい》は北朝鮮《きたちょうせん》に対《たい》して、すべての核兵器《かくへいき》や弾道《だんどう》ミサイルをなくすように何度《なんど》も求《もと》めてきました。しかし、北朝鮮《きたちょうせん》はこれまで6回《かい》の核実験《かくじっけん》を実施《じっし》し、とても速《はや》いスピードで弾道《だんどう》ミサイルの開発《かいはつ》を推《お》し進《すす》めています。

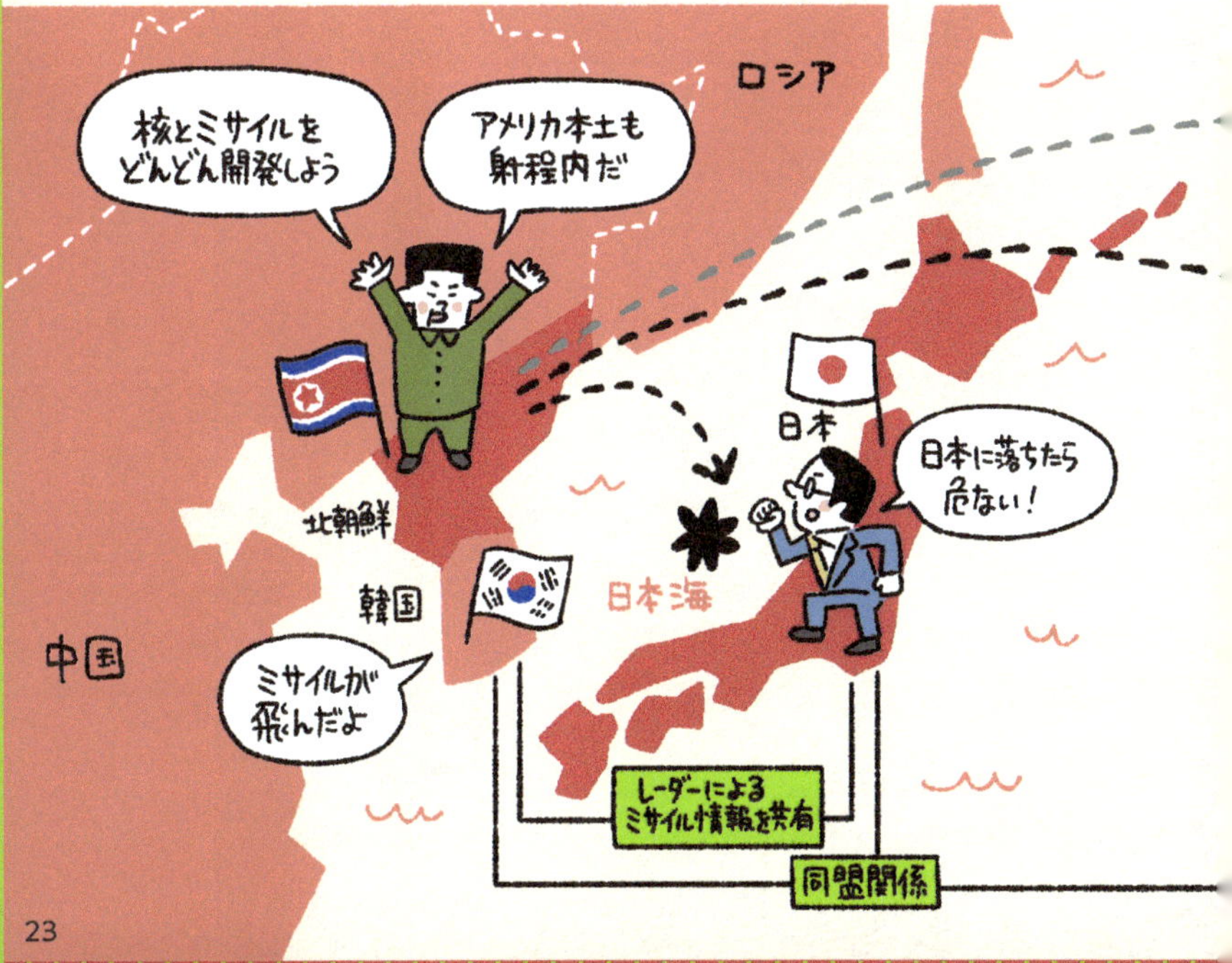

A04 NSWER

② ICBM《アイシービーエム》
(大陸間弾道《たいりくかんだんどう》ミサイル)

アメリカ本土《ほんど》にも届《とど》く!?

北朝鮮《きたちょうせん》が近年集中的《きんねんしゅうちゅうてき》に取《と》り組《く》んでいるのは、射程《しゃてい》が5500キロ以上《いじょう》のICBM《アイシービーエム》(大《たい》陸間弾道《りくかんだんどう》ミサイル)の開発《かいはつ》です。

北朝鮮《きたちょうせん》はミサイルを通常《つうじょう》より真上《まうえ》に近《ちか》い角《かく》度《ど》で打《う》ち上《あ》げているため、その多《おお》くは日本《にほん》の排他的経済水域《はいたてきけいざいすいいき》(EEZ《イーイーゼット》)の外《そと》の日本海《にほんかい》に落《らっ》下《か》しています。しかし、これを通常《つうじょう》の角度《かくど》で発射《はっしゃ》すれば、その射程《しゃてい》は1万《まん》5000キロを

北朝鮮《きたちょうせん》の弾道《だんどう》ミサイル等発射数《とうはっしゃすう》

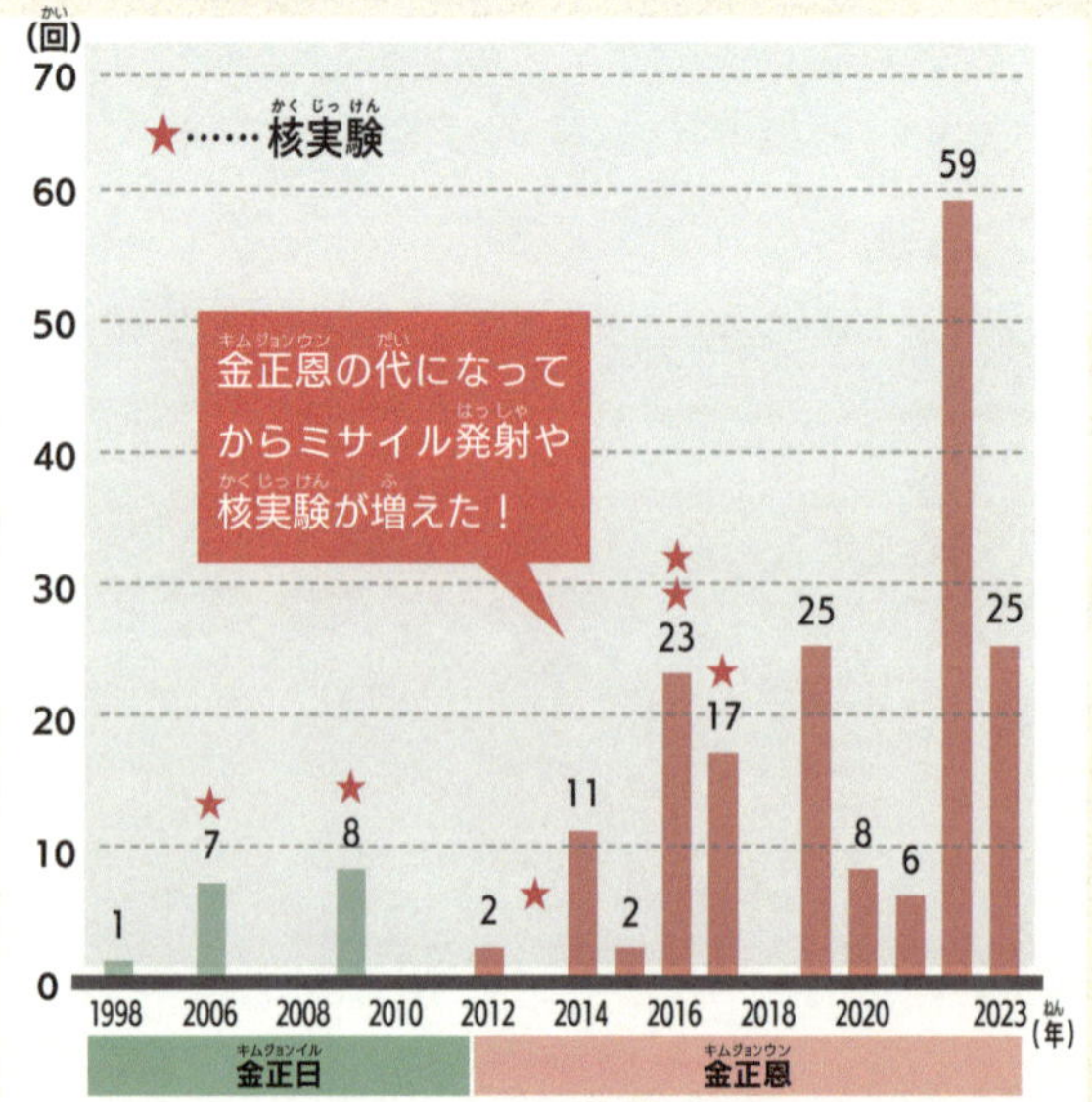

(回《かい》)
70
60
50
40
30
20
10
0
★……核実験《かくじっけん》
金正恩《キムジョンウン》の代《だい》になってからミサイル発射《はっしゃ》や核実験《かくじっけん》が増《ふ》えた!
1
7
8
2
11
2
23
17
25
8
6
59
25
1998
2006
2008
2010
2012
2014
2016
2018
2020
2023
(年《ねん》)
金正日《キムジョンイル》
金正恩《キムジョンウン》

出所《しゅっしょ》:防衛庁《ぼうえいちょう》「防衛白書《ぼうえいはくしょ》」などをもとに作成《さくせい》

ちなみに…

①の「IAEA《アイエーイーエー》(国際原子力機関《こくさいげんしりょくきかん》)」は原子力分野《げんしりょくぶんや》での協力《きょうりょく》を進《すす》める国際機関《こくさいきかん》。③の「THAAD《サード》(高高度防衛《こうこうどぼうえい》ミサイル)」は発射《はっしゃ》された弾道《だんどう》ミサイルを撃《う》ち落《お》とすシステムのことです。

超《こ》えます。

つまり、ミサイルが日本列島《にほんれっとう》はもちろん、遠《とお》く離《はな》れたアメリカ本土《ほんど》にも届《とど》くことになるのです。

なぜミサイル開発《かいはつ》を急《いそ》ぐのか？

そもそもなぜ、北朝鮮《きたちょうせん》はここまでミサイル開発《かいはつ》を急《いそ》ぐのでしょうか。それは、「核《かく》を持《も》つことで強《つよ》い国《くに》と対等《たいとう》になれる」と考《かんが》えたからです。

北朝鮮《きたちょうせん》の南《みなみ》にある韓国《かんこく》やアメリカには、軍事力《ぐんじりょく》では到底《とうてい》かないません。そこで、一発逆転《いっぱつぎゃくてん》の手段《しゅだん》として、核兵器《かくへいき》を飛《と》ばすためのミサイル開発《かいはつ》に突《つ》き進《すす》んでいるのです。


北朝鮮《きたちょうせん》が核兵器《かくへいき》をミサイルにのせて発射《はっしゃ》したら、たいへんなことになります。

日本《にほん》は北朝鮮《きたちょうせん》のミサイル情報《じょうほう》を韓国《かんこく》やアメリカと共有《きょうゆう》し、迅速《じんそく》に迎撃《げいげき》・避難《ひなん》ができるようにしています。

いまも未解決《みかいけつ》の「拉致問題《らちもんだい》」

日本《にほん》と北朝鮮《きたちょうせん》の間《あいだ》で1日《にち》でも早《はや》い解決《かいけつ》がのぞまれているのが、1970～80年代《ねんだい》にかけて、日本人《にほんじん》が北朝鮮《きたちょうせん》に連《つ》れ去《さ》られた「拉致問題《らちもんだい》」です。北朝鮮《きたちょうせん》は当時《とうじ》13歳《さい》の少女《しょうじょ》をふくむ多《おお》くの日本人《にほんじん》を拉致《らち》しており、無事《ぶじ》かどうかすらわからない状態《じょうたい》が続《つづ》いています。日本《にほん》はすべての拉致被害者《らちひがいしゃ》の帰国《きこく》を実現《じつげん》するために交渉《こうしょう》を続《つづ》けています。

QUESTION 05

日本《にほん》が自国《じこく》でまかなっている食料《しょくりょう》の割合《わりあい》は?

① 約《やく》100%

② 約《やく》60%

③ 約《やく》40%

日本《にほん》の食料自給率《しょくりょうじきゅうりつ》
（2023年度《ねんど》）
和食《わしょく》
お米はほとんどが
日本産！
米《こめ》
99%
大豆《だいず》
7%
海藻類《かいそうるい》
65%
魚介類《ぎょかいるい》
52%
いも類《るい》
73%

その食材《しょくざい》は国産《こくさん》？　外国産《がいこくさん》？

日本《にほん》は農業《のうぎょう》が盛《さか》んな国《くに》というイメージがあるかもしれません。しかし下《した》の図《ず》のように、ふだん何《なに》げなく食《た》べている料理《りょうり》にも、外国産《がいこくさん》のものがたくさん使《つか》われているのです。

食料《しょくりょう》の国内消費《こくないしょうひ》に対《たい》する国内生産《こくないせいさん》の割合《わりあい》を示《しめ》したものを「食料自給率《しょくりょうじきゅうりつ》」といいます。国《くに》全体《ぜんたい》で見《み》たときに、「私《わたし》たちが消費《しょうひ》した食材《しょくざい》のうち国産《こくさん》の割合《わりあい》がどれくらいか」を表《あらわ》す指標《しひょう》です。食料自給率《しょくりょうじきゅうりつ》にはカロリーベース（生《い》きていくためのエネルギー量《りょう》に換算《かんさん》）と生産額《せいさんがく》ベース（経済的《けいざいてき》な価値《かち》として金額《きんがく》に換算《かんさん》）がありますが、日本《にほん》はどれくらいでしょうか？

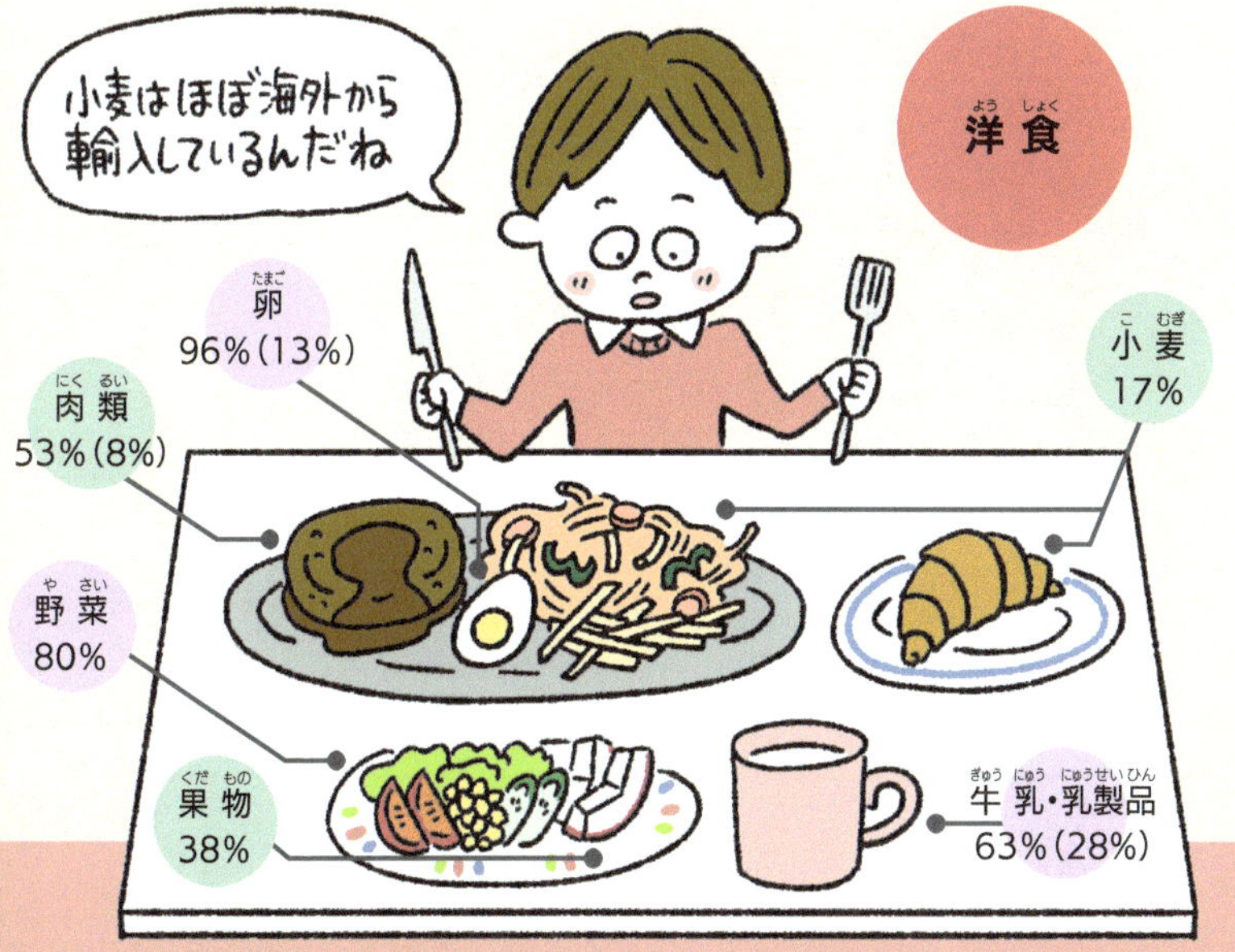
小麦はほぼ海外から
輸入しているんだね
洋食《ようしょく》
卵《たまご》
96%（13%）
肉類《にくるい》
53%（8%）
小麦《こむぎ》
17%
野菜《やさい》
80%
果物《くだもの》
38%
牛乳《ぎゅうにゅう》・乳製品《にゅうせいひん》
63%（28%）

※数値《すうち》は品目別《ひんもくべつ》自給率《じきゅうりつ》（重量《じゅうりょう》ベース）。カッコ内《ない》は飼料自給率《しりょうじきゅうりつ》を考慮《こうりょ》した値《あたい》
出所《しゅっしょ》：農林水産省《のうりんすいさんしょう》「食料需給表《しょくりょうじゅきゅうひょう》」

ANSWER 05

③ 約《やく》40％

※2023年度《ねんど》

40％に満《み》たない食料自給率《しょくりょうじきゅうりつ》

日本《にほん》の2023（令和《れいわ》5）年度《ねんど》の食料自給率《しょくりょうじきゅうりつ》は、カロリーベースで38％（生産額《せいさんがく》ベースで61％）。日本《にほん》はじつに約《やく》6割《わり》を海外《かいがい》からの輸入《ゆにゅう》に頼《たよ》っているのです。品目別自給率《ひんもくべつじきゅうりつ》（重量《じゅうりょう》ベース）を見《み》てみると、小麦《こむぎ》は17％、大豆《だいず》は7％。日本《にほん》の食《しょく》を支《ささ》えてきたこれらの自給率《じきゅうりつ》が低《ひく》いのは意外《いがい》に思《おも》うかもしれませんが、消費量《しょうひりょう》が大幅《おおはば》に増《ふ》えたため国内生産《こくないせいさん》だけではま

世界《せかい》の食料自給率《しょくりょうじきゅうりつ》（カロリーベース）

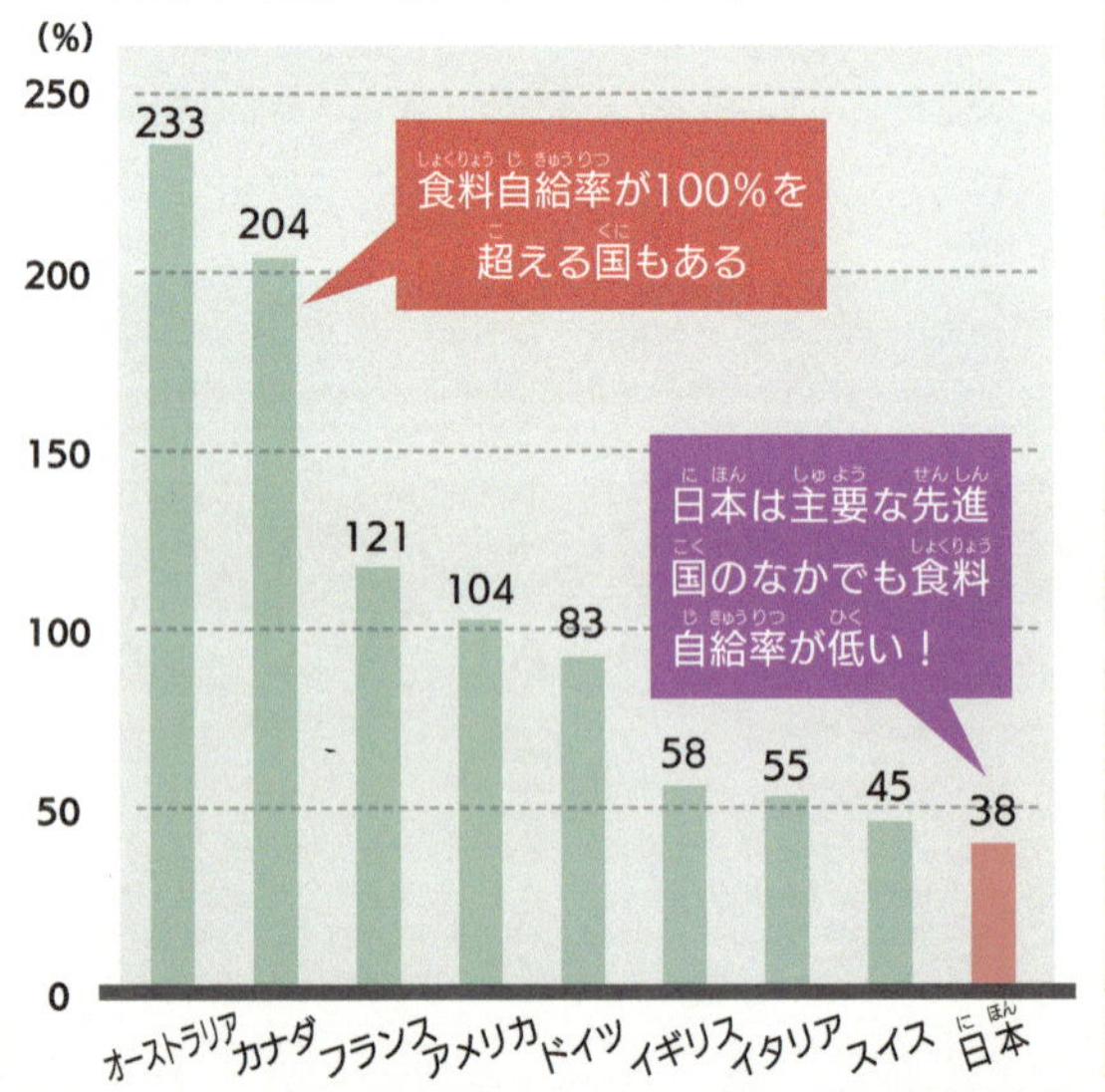

(%)
250
200
150
100
50
0
233
204
121
104
83
58
55
45
38
食料自給率《しょくりょうじきゅうりつ》が100％を超《こ》える国《くに》もある
日本《にほん》は主要《しゅよう》な先進《せんしん》国《こく》のなかでも食料《しょくりょう》自給率《じきゅうりつ》が低《ひく》い！
オーストラリア
カナダ
フランス
アメリカ
ドイツ
イギリス
イタリア
スイス
日本《にほん》

※日本《にほん》は2023年度《ねんど》、その他《た》は2021年《ねん》　出所《しゅっしょ》：農林水産省《のうりんすいさんしょう》

ちなみに…

2021〜23年度《ねんど》の食料自給率《しょくりょうじきゅうりつ》は3年連続《ねんれんぞく》で38％。日本《にほん》の食料自給率《しょくりょうじきゅうりつ》がここ数十年《すうじゅうねん》で減《へ》ったのは、食生活《しょくせいかつ》が大《おお》きく変化《へんか》したことが原因《げんいん》の1つといわれています。

かなえなくなったことも理由《りゆう》の1つです。

農林水産省《のうりんすいさんしょう》によると、オーストラリア（233％）、カナダ（204％）、フランス（121％）、アメリカ（104％）などは100％を上回《うわまわ》っています。これらの国《くに》は国内消費《こくないしょうひ》を上回《うわまわ》ったぶんを海外《かいがい》に輸出《ゆしゅつ》していると考《かんが》えられます。

自給率《じきゅうりつ》が低《ひく》いと何《なに》が問題《もんだい》？

日本《にほん》の食料自給率《しょくりょうじきゅうりつ》はもともと低《ひく》かったわけではありません。1965（昭和《しょうわ》40）年《ねん》には73％ありましたが、この60年《ねん》で半分近《はんぶんちか》くにまで減《へ》ってしまったのです。食料自給率《しょくりょうじきゅうりつ》が低《ひく》いと、海外《かいがい》で何《なに》かが起《お》きて輸入《ゆにゅう》できなくなったり、輸入品《ゆにゅうひん》が高《たか》くなったりすると、日本《にほん》の食《しょく》がおびやかされてしまいます。

日本政府《にほんせいふ》は2030年度《ねんど》までに食料自給率《しょくりょうじきゅうりつ》を45％に上《あ》げる目標《もくひょう》を掲《かか》げています。海外《かいがい》からの輸入《ゆにゅう》に頼《たよ》りすぎるのではなく、国内生産《こくないせいさん》を増《ふ》やしながら、輸入《ゆにゅう》や備蓄《びちく》と適切《てきせつ》に組《く》み合《あ》わせることが大事《だいじ》なのです。

東京都《とうきょうと》の食料自給率《しょくりょうじきゅうりつ》は0％!?

農林水産省《のうりんすいさんしょう》は、都道府県別《とどうふけんべつ》の食料《しょくりょう》自給率《じきゅうりつ》も公表《こうひょう》しています。それによると、2022（令和《れいわ》4）年度《ねんど》の東京都《とうきょうと》の食料自給率《しょくりょうじきゅうりつ》は約《やく》0％。日本人《にほんじん》の1割以上《わりいじょう》が住《す》む東京《とうきょう》は、全国各地《ぜんこくかくち》で生産《せいさん》された食料《しょくりょう》で支《ささ》えられているといえるでしょう。ぜひ、自分《じぶん》が住《す》む都道府県《とどうふ》県《けん》の食料自給率《しょくりょうじきゅうりつ》がどれくらいなのか、インターネットなどで調《しら》べてみてください。

QUESTION 06

日本《にほん》では女性《じょせい》が受《う》け取《と》る平均《へいきん》給与《きゅうよ》は男性《だんせい》の何《なん》%?

① 100%

② 約《やく》75%

③ 約《やく》50%

石破内閣が発足しました
国会議員の女性比率
衆議院 15.7% 465名中 73名
参議院 25.4% 240名中 61名
衆参両院 19.0% 705名中 134名 (2024年11月11日時点)
大臣のほとんどが男性だね
ZZZ

女性議員《じょせいぎいん》の少《すく》ない日本《にほん》

2024（令和《れいわ》6）年《ねん》10月《がつ》、石破茂内閣《いしばしげるないかく》が発《ほっ》足《そく》しました。「女性《じょせい》の活躍《かつやく》」を掲《かか》げる石破《いしば》首《しゅ》相《しょう》ですが、女性閣僚《じょせいかくりょう》はわずか2人《ふたり》。テレビに映《うつ》る顔《かお》ぶれを見《み》て「男性《だんせい》がほとんどだな」と感《かん》じた人《ひと》もいるかもしれません。

閣僚《かくりょう》だけではありません。国会議員全体《こっかいぎいんぜんたい》を見《み》ても、女性比率《じょせいひりつ》は20％にも満《み》たないのです。日本《にほん》は世界的《せかいてき》に見《み》ても、女性議員《じょせいぎいん》の割合《わりあい》が少《すく》ない国《くに》です。

こうした「男女《だんじょ》の格差《かくさ》」は、政治《せいじ》の世界《せかい》だけではなく、社会《しゃかい》や経済《けいざい》の世界《せかい》でも起《お》きています。

子育てで休んでいたら、同期がみんな上司になっている……
課長
女性管理職の比率12.7％

男性
女性
女性の賃金は男性よりも低い
同じ仕事をしているのになんで給料が安いの？

日本《にほん》は
男女平等《だんじょびょうどう》の国《くに》？

A06 NSWER

② 約《やく》75％

ちなみに…

政府《せいふ》によると、日本《にほん》の女性《じょせい》の平均給与《へいきんきゅうよ》は男性《だんせい》の74・8％。男女間《だんじょかん》の賃金格差《ちんぎんかくさ》は少《すこ》しずつ改善《かいぜん》してきていますが、それでも欧米《おうべい》の主要先進国《しゅようせんしんこく》と比《くら》べて差《さ》が大《おお》きいのが現状《げんじょう》です。

政治《せいじ》・経済《けいざい》分野《ぶんや》の格差《かくさ》が大《おお》きい

世界《せかい》経済《けいざい》フォーラムは毎年《まいとし》、経済《けいざい》、政治《せいじ》、教育《きょういく》、健康《けんこう》の4つの分野《ぶんや》で各国《かっこく》の男女格差《だんじょかくさ》を分析《ぶんせき》・数値化《すうちか》した「ジェンダーギャップ指数《しすう》」を発表《はっぴょう》しています。2024（令和《れいわ》6）年《ねん》の日本《にほん》は146か国中《こくちゅう》118位《い》。主要《しゅよう》7か国《こく》（G7《ジーセブン》）のなかで最下位《さいかい》でした。

日本《にほん》は教育《きょういく》（72位《い》）と健康《けんこう》（58位《い》）の評価《ひょうか》はそれほど悪《わる》くなかったですが、政治《せいじ》（113

ジェンダーギャップ指数《しすう》

順位《じゅんい》	国名《こくめい》	値《あたい》
1	アイスランド	0.935
2	フィンランド	0.875
3	ノルウェー	0.875
7	ドイツ	0.810
22	フランス	0.781
43	アメリカ	0.747

順位《じゅんい》	国名《こくめい》	値《あたい》
87	イタリア	0.703
94	韓国《かんこく》	0.696
106	中国《ちゅうごく》	0.684
118	日本《にほん》	0.663

（2024年《ねん》）

1に近《ちか》いほど平等《びょうどう》。日本《にほん》は先進国《せんしんこく》のなかで最低《さいてい》レベル！

出所《しゅっしょ》：世界経済《せかいけいざい》フォーラム

位《い》）と経済《けいざい》（120位《い》）の評価《ひょうか》が低《ひく》く、足《あし》を引《ひ》っ張《ぱ》るかたちになっています。

女性《じょせい》の給与《きゅうよ》は男性《だんせい》より約《やく》25%低《ひく》い

実際《じっさい》、日本《にほん》の女性《じょせい》の平均給与《へいきんきゅうよ》は男性《だんせい》の74・8%と、男性《だんせい》よりも25%ほど低《ひく》い状態《じょうたい》にあります。男女《だんじょ》の賃金格差《ちんぎんかくさ》は各国《かっこく》でみられますが、アメリカやヨーロッパ諸国《しょこく》に比《くら》べて大《おお》きく差《さ》が開《ひら》いています。

日本政府《にほんせいふ》は女性活躍推進法《じょせいかつやくすいしんほう》（2016年《ねん》施《し》行《こう》）をつくるなどして、男女間《だんじょかん》の格差《かくさ》を埋《う》める後押《あとお》しをしています。それでも変化《へんか》はゆっくりで、大《おお》きな改善《かいぜん》はまだみられていません。

男女間《だんじょかん》の賃金格差《ちんぎんかくさ》の国際比較《こくさいひかく》

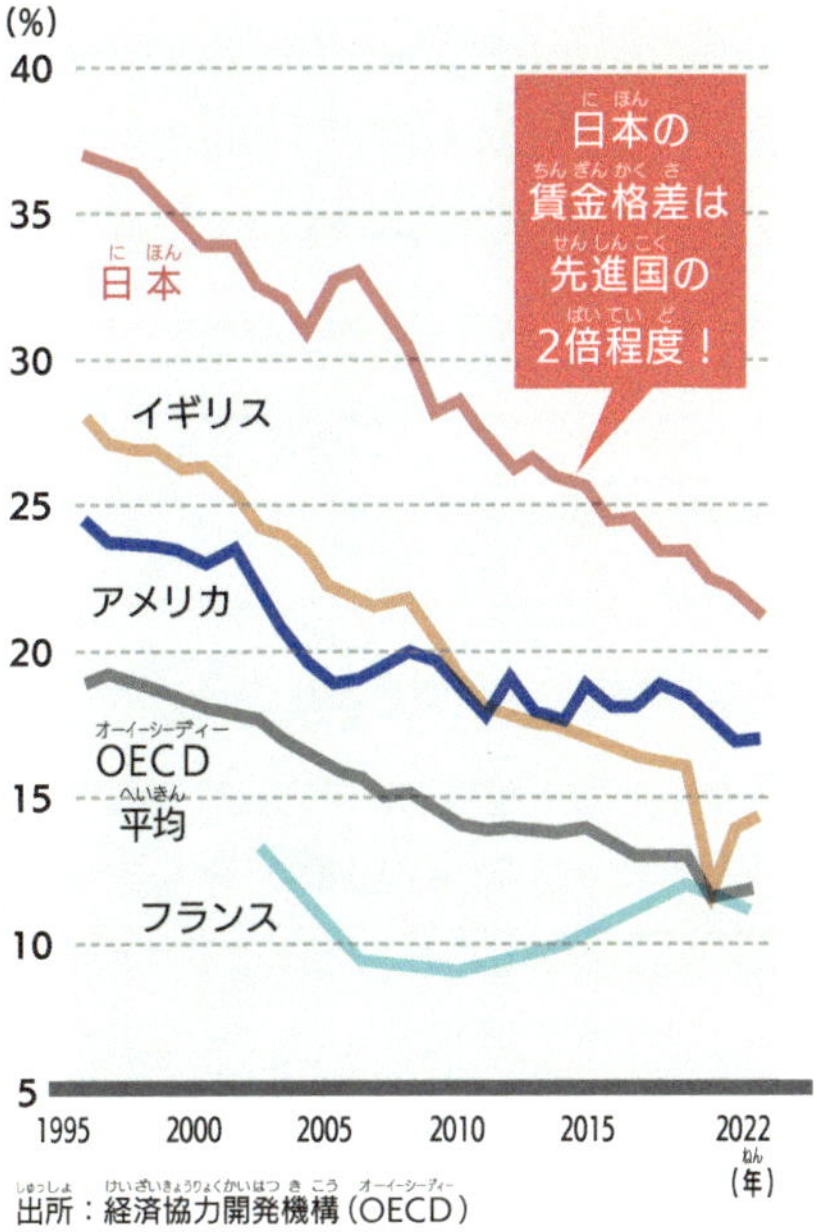

(%)
40
35
30
25
20
15
10
5
日本《にほん》
イギリス
アメリカ
OECD《オーイーシーディー》平均《へいきん》
フランス
日本《にほん》の賃金格差《ちんぎんかくさ》は先進国《せんしんこく》の2倍程度《ばいていど》！
1995
2000
2005
2010
2015
2022
(年《ねん》)

出所《しゅっしょ》：経済協力開発機構《けいざいきょうりょくかいはつきこう》（OECD《オーイーシーディー》）

賃金格差《ちんぎんかくさ》の原因《げんいん》は何《なに》？

男女《だんじょ》の賃金格差《ちんぎんかくさ》が生《う》まれているのは、なぜでしょうか。その背景《はいけい》には、「男女《だんじょ》の勤続年数《きんぞくねんすう》や管理職比率《かんりしょくひりつ》の差《さ》」や、女性《じょせい》の活躍《かつやく》をはばむ「無意識《むいしき》の思《おも》い込《こ》み」があるといわれています。政府《せいふ》だけではなく、企業《きぎょう》にも社員《しゃいん》の仕事《しごと》と家庭《かてい》の両立《りょうりつ》を支援《しえん》したり、非正規労働者《ひせいきろうどうしゃ》の待遇《たいぐう》を改善《かいぜん》したりする取《と》り組《く》みが求《もと》められています。

日本人《にほんじん》の「海外離《かいがいばな》れ」が進《すす》んでいる

日本《にほん》は、“世界最強《せかいさいきょう》クラス”のパスポートを持《も》てる国《くに》です。
それなのに最近《さいきん》、海外《かいがい》に行《い》く日本人《にほんじん》が減《へ》っています。

海外《かいがい》に行《い》く日本人《にほんじん》の数《かず》は訪日外国人《ほうにちがいこくじん》の半分以下《はんぶんいか》

日本《にほん》にやってくる外国人《がいこくじん》は年々増《ねんねんふ》えていますが、その一方《いっぽう》で日本人《にほんじん》の「海外離《かいがいばな》れ」が進《すす》んでいます。2019（令和元《れいわがん》）年《ねん》に日本《にほん》を出国《しゅっこく》した日本人《にほんじん》は2008万人《まんにん》でした。それが2024（令和《れいわ》6）年《ねん》には1301万人《まんにん》と、同《おな》じ年《とし》の訪日外国人《ほうにちがいこくじん》（3687万人《まんにん》）の半分以下《はんぶんいか》になっています。

日本人《にほんじん》の「海外離《かいがいばな》れ」が止《と》まらないのは、円安《えんやす》（118ページ）や物価《ぶっか》高《だか》（122ページ）などの影響《えいきょう》で海外旅行《かいがいりょこう》に行《い》く経済的《けいざいてき》な余裕《よゆう》がなくなったというのが大《おお》きな要因《よういん》でしょう。しかし、そもそも「海外《かいがい》に行《い》きたいと思《おも》わない」と考《かんが》える若者《わかもの》も増《ふ》えているようなのです。

いまはインターネットを使《つか》えば、海外《かいがい》の動画《どうが》を見《み》たり、英語《えいご》などの外国語《がいこくご》を学《まな》んだりすることがかんたんにできる時代《じだい》です。それでも、実際《じっさい》に現地《げんち》に行《い》って外国《がいこく》の文化《ぶんか》に触《ふ》れたり、外国人《がいこくじん》と直接話《ちょくせつはな》したりすることは、日本《にほん》にいたら得《え》られない、とても貴重《きちょう》な体験《たいけん》となるはずです。

6人《にん》に1人《ひとり》しかパスポートを持《も》っていない

日本人《にほんじん》のパスポートの保有者《ほゆうしゃ》も減《へ》っています。2019年《ねん》に23.8%だったパスポート保有率《ほゆうりつ》は、2023年《ねん》には17%にまで減少《げんしょう》。つまり、日本《にほん》人《じん》の6人《にん》に1人《ひとり》しかパスポートを持《も》っていないのです。海外《かいがい》のパスポート保有率《ほゆうりつ》は、アメリカが50%以上《いじょう》、韓国《かんこく》が約《やく》40%、台湾《たいわん》が約《やく》60%ですから、これらの国《くに》の半分以下《はんぶんいか》です。

海外《かいがい》に行《い》くのに必要《ひつよう》なのが「パスポート」です。日本《にほん》のパスポートは、ビザの取得《しゅとく》をせずに入国《にゅうこく》できる国《くに》の数《かず》が“世界最強《せかいさいきょう》クラス”（193の国《くに》と地域《ちいき》）。世界中《せかいじゅう》のほぼどこへでも気軽《きがる》に行《い》けるパスポートを持《も》てる国《くに》なのに、もったいないと思《おも》いませんか？

第《だい》2章《しょう》

「争《あらそ》いと国境《こっきょう》」のお話《はなし》

パレスチナ問題《もんだい》、ロシアのウクライナ侵攻《しんこう》……。世界各地《せかいかくち》でいまも、争《あらそ》いが起《お》きています。領土《りょうど》や資源《しげん》、宗教《しゅうきょう》や民族《みんぞく》の違《ちが》いなど、争《あらそ》いが生《う》まれるきっかけはさまざまです。

QUESTION 07

パレスチナをめぐって争《あらそ》っているのは誰《だれ》と誰《だれ》?

① イラン人《じん》とアラブ人《じん》

② アラブ人《じん》とユダヤ人《じん》

③ ユダヤ人《じん》とインド人《じん》

19世紀《せいき》〜20世紀前半《せいきぜんはん》

ユダヤ人《じん》の迫害《はくがい》や大虐殺《だいぎゃくさつ》が起《お》き、ユダヤ人《じん》の間《あいだ》でかつて住《す》んでいたパレスチナに戻《もど》ろうという運動《うんどう》が起《お》こる

紀元前後《きげんぜんご》

ローマ帝国《ていこく》によってパレスチナにあった国《くに》が滅《ほろ》ぼされ、ユダヤ人《じん》は世界中《せかいじゅう》に散《ち》る。その後《ご》アラブ人《じん》が定住《ていじゅう》

中世以降《ちゅうせいいこう》

ユダヤ人《じん》がキリスト教徒《きょうと》による差別《さべつ》を受《う》ける

世界《せかい》各地《かくち》に離散《りさん》したユダヤ人《じん》

地中海《ちちゅうかい》の東岸《とうがん》、現在《げんざい》のイスラエルがある一《いっ》帯《たい》を「パレスチナ」といいます。その地《ち》には2000年《ねん》ほど前《まえ》まで、ユダヤ人《じん》が築《きず》いた王《おう》国《こく》がありました。ところが、ローマ帝国《ていこく》に滅《ほろ》ぼされ、ユダヤ人《じん》は世界各地《せかいかくち》に離散《りさん》します。

ヨーロッパに渡《わた》ったユダヤ人《じん》はキリスト教《きょう》徒《と》から差別《さべつ》を受《う》け、第二次世界大戦中《だいにじせかいたいせんちゅう》にはナチス・ドイツによる大量虐殺《たいりょうぎゃくさつ》も起《お》きます。ユダヤ人《じん》は「生《い》きていくには自分《じぶん》たちの国《くに》をつくらなければいけない」と考《かんが》え、かつて王国《おうこく》があった地《ち》に戻《もど》ろうという運動《うんどう》が起《お》きました。ところが、そこにはすでに住人《じゅうにん》がいました。

パレスチナ問題《もんだい》はなぜ起《お》きた？

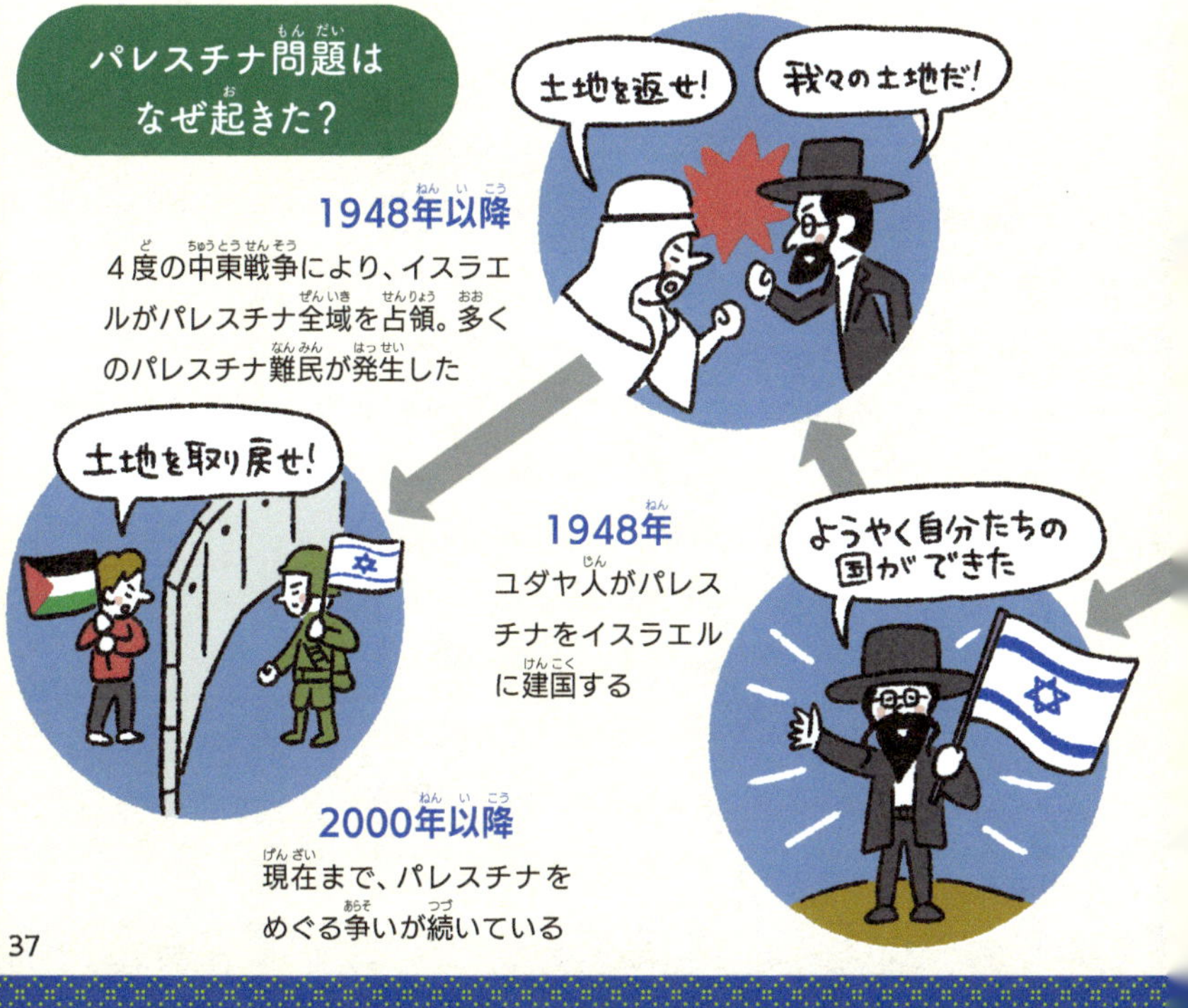
ようやく自分たちの国ができた
土地を返せ！
我々の土地だ！
土地を取り戻せ！

1948年《ねん》
ユダヤ人《じん》がパレスチナをイスラエルに建国《けんこく》する

1948年以降《ねんいこう》
4度《ど》の中東戦争《ちゅうとうせんそう》により、イスラエルがパレスチナ全域《ぜんいき》を占領《せんりょう》。多《おお》くのパレスチナ難民《なんみん》が発生《はっせい》した

2000年以降《ねんいこう》
現在《げんざい》まで、パレスチナをめぐる争《あらそ》いが続《つづ》いている

A07 NSWER

② アラブ人《じん》とユダヤ人《じん》

ちなみに…

西《にし》アジアから北《きた》アフリカ各地《かくち》にかけて住《す》み、アラビア語《ご》を母語《ぼご》とする人々《ひとびと》を「アラブ人《じん》」と呼《よ》びます。ちなみに、ペルシャ語《ご》を公用語《こうようご》とするイランはアラブにふくまれません。

イスラエル建国《けんこく》と中東戦争《ちゅうとうせんそう》

ユダヤ人《じん》が離散《りさん》した後《あと》、パレスチナにはイスラム教《きょう》を信《しん》じるアラブ人《じん》（パレスチナ人《じん》）が住《す》み着《つ》いていました。

そこで1947年《ねん》、国連《こくれん》（国際連合《こくさいれんごう》）はパレスチナをユダヤ人《じん》の国《くに》とアラブ人《じん》の国《くに》に分《わ》けることを提案《ていあん》。それを受《う》け入《い》れたユダヤ人《じん》は、翌年《よくねん》にイスラエルを建国《けんこく》しました。

しかし建国《けんこく》の翌日《よくじつ》、納得《なっとく》がいかないアラブ

現在《げんざい》のパレスチナ

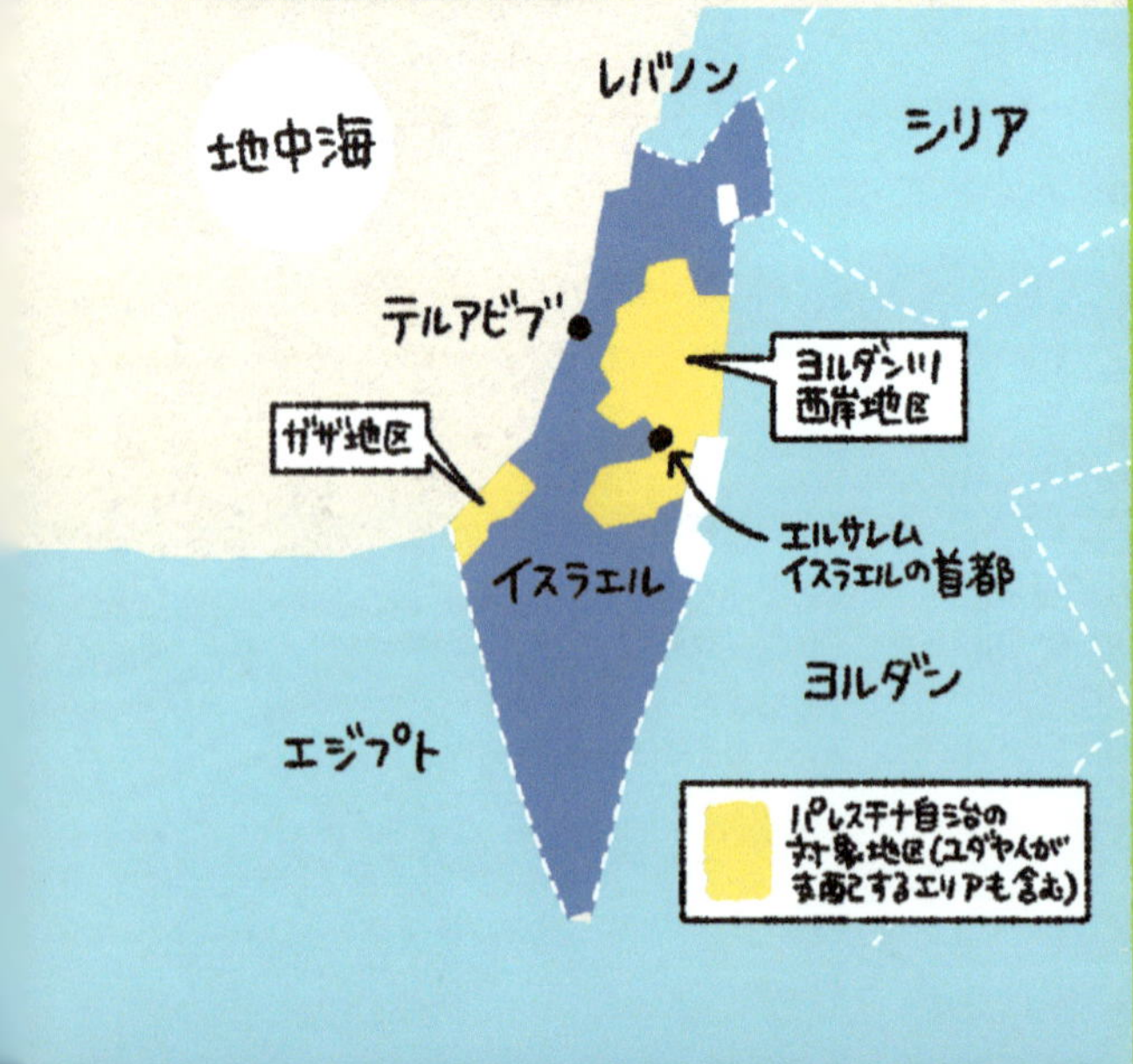

レバノン
シリア
地中海
テルアビブ
ヨルダン川
西岸地区
ガザ地区
エルサレム
イスラエルの首都
イスラエル
ヨルダン
エジプト
パレスチナ自治の
対象地区(ユダヤ人が
支配するエリアも含む)

連合軍《れんごうぐん》がイスラエルに侵攻《しんこう》します。こうして、4度《ど》にわたる中東戦争《ちゅうとうせんそう》が始《はじ》まりました。この戦争《せんそう》で優勢《ゆうせい》だったのは、イスラエル側《がわ》です。イスラエルがパレスチナ全域《ぜんいき》を占領《せんりょう》し、多《おお》くのパレスチナ人《じん》が難民《なんみん》となります。

1993年《ねん》、イスラエルとパレスチナの代《だい》表《ひょう》が、「パレスチナ人《じん》が多《おお》く住《す》むヨルダン川《がわ》西岸地区《せいがんちく》とガザ地区《ちく》をパレスチナ自治区《じちく》として認《みと》める」という和平案《わへいあん》に合意《ごうい》しました。

終《お》わりが見《み》えない戦《たたか》い

しかし、これで解決《かいけつ》したわけではありません。イスラエルとパレスチナの大規模《だいきぼ》な衝突《しょうとつ》は、その後《ご》も続《つづ》いています。2023年《ねん》にはガザ地区《ちく》のイスラム組織《そしき》ハマスがイスラエルを襲撃《しゅうげき》し、これに対《たい》してイスラエルがガザ地《ち》区《く》への大規模《だいきぼ》な攻撃《こうげき》を始《はじ》めました。

イスラエル側《がわ》につくアメリカ、ハマスを支《し》援《えん》するイランなど他国《たこく》の思惑《おもわく》も加《くわ》わり、終《お》わりの見《み》えない悲劇《ひげき》となっています。

イギリスの「三枚舌外交《さんまいじたがいこう》」

第一次世界大戦時《だいいちじせかいたいせんじ》、イギリスはユダヤ人《じん》には「国家建設《こっかけんせつ》を支持《しじ》する」、アラブ地域《ちいき》を支配《しはい》していたオスマン帝国《ていこく》に対抗《たいこう》するため、アラブ人《じん》には「オスマン帝国《ていこく》と戦《たたか》えば独立国家《どくりつこっか》をつくる」と約《やく》束《そく》。さらに仲《なか》のいいフランスとは、この地域《ちいき》を山分《やまわ》けする密約《みつやく》も結《むす》んでいました。この「三枚舌《さんまいじた》外交《がいこう》」が、パレスチナの混乱《こんらん》を招《まね》く原因《げんいん》となりました。

QUESTION 08

ロシアによる「ウクライナ侵《しん》攻《こう》」の原《げん》因《いん》となった国《こく》際《さい》機《き》関《かん》は？

①
WHO《ダブリューエイチ オー》

②
OECD《オー イー シー ディー》

③
NATO《ナ ト ー》

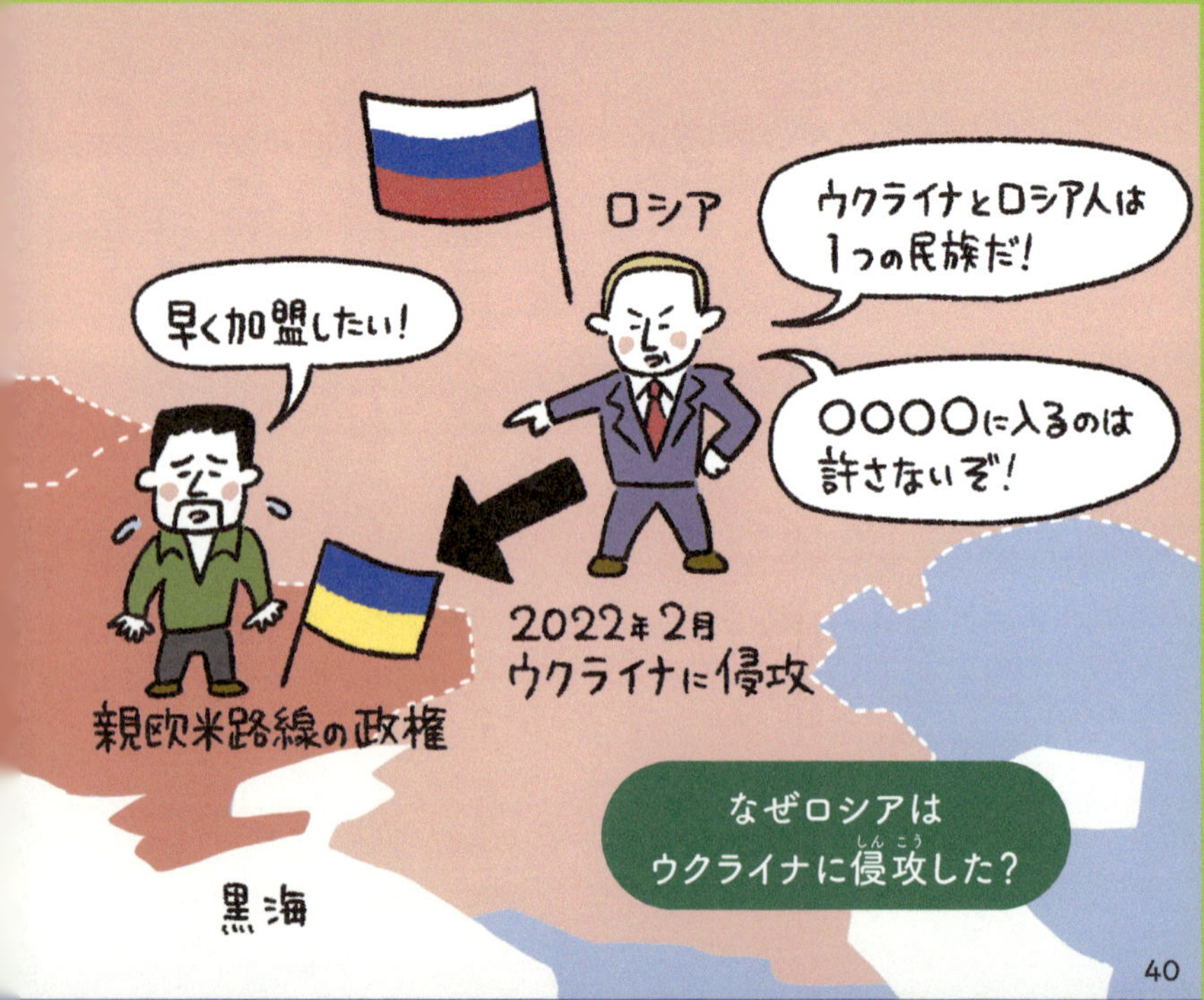

なぜロシアは
ウクライナに侵《しん》攻《こう》した？

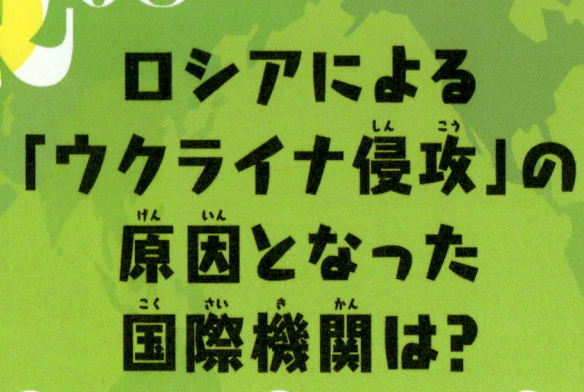

ソ連《れん》崩《ほう》壊《かい》と構《こう》成《せい》国《こく》の独《どく》立《りつ》

ロシアとウクライナは、もともと15の共和《きょうわ》国《こく》から成《な》り立《た》つソ連《れん》（ソビエト連邦《れんぽう》）を構成《こうせい》する国々《くにぐに》の1つでした。ところが1991年《ねん》にソ連《れん》が崩壊《ほうかい》すると、それぞれが独立《どくりつ》します。

ロシアでは2000年《ねん》にプーチンが大統領《だいとうりょう》に就任《しゅうにん》しました。そのプーチンが22年《ねん》2月《がつ》、突然《とつぜん》、ウクライナに攻《せ》め込《こ》んだのです。「ウクライナ東部《とうぶ》に多《おお》く住《す》むロシア系住民《けいじゅうみん》を守《まも》る」という理由《りゆう》でしたが、それはあくまでも表向《おもてむ》きの理由《りゆう》。ウクライナ侵攻《しんこう》を決《き》めた理《り》由《ゆう》は、ほかにもう1つありました。そのカギは、ウクライナの〝立地《りっち》〟にあります。

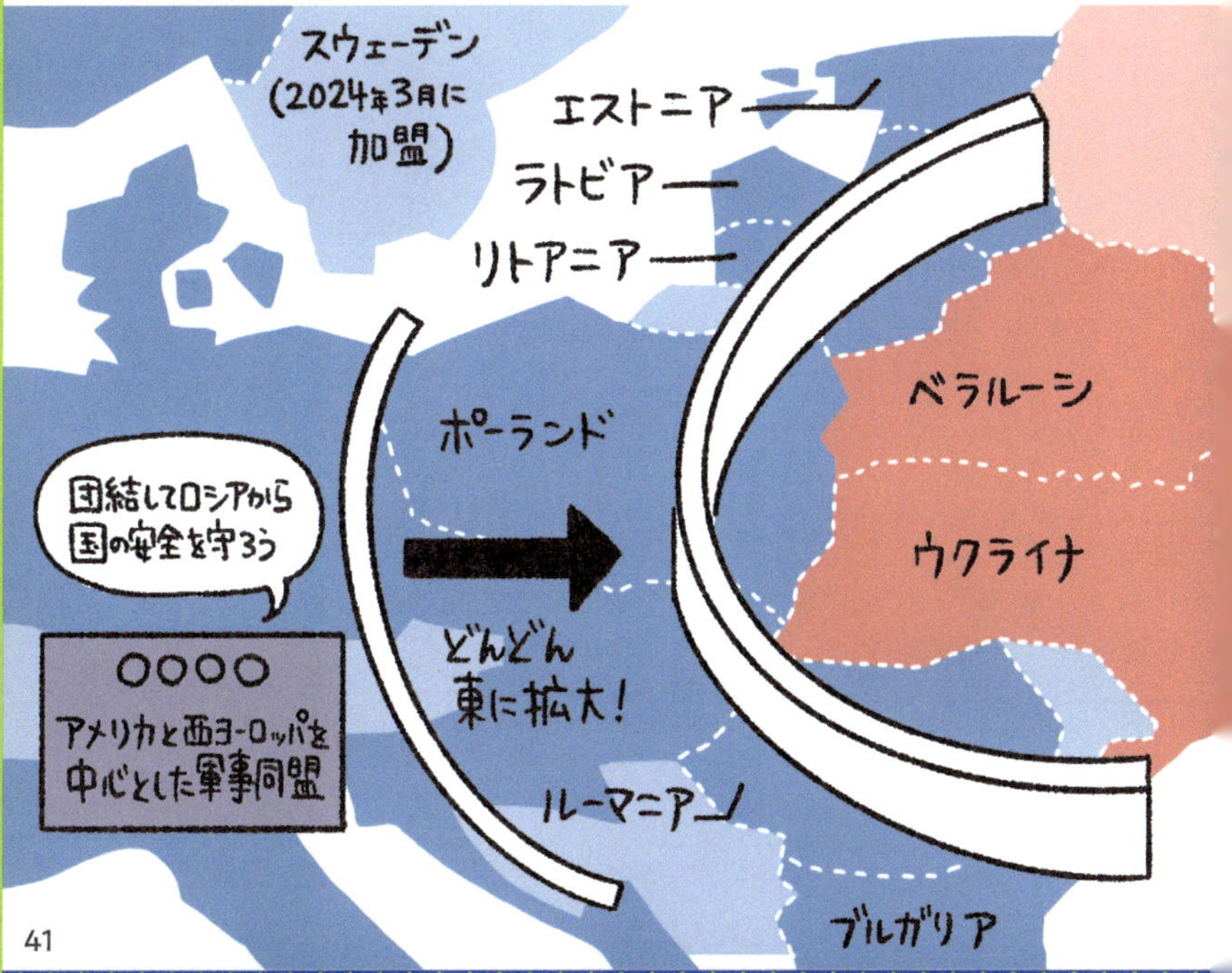
スウェーデン
（2024年3月に加盟）
エストニア
ラトビア
リトアニア
ベラルーシ
ポーランド
団結してロシアから国の安全を守ろう
どんどん東に拡大！
ウクライナ
〇〇〇〇
アメリカと西ヨーロッパを中心とした軍事同盟
ルーマニア
ブルガリア

A08 NSWER

③ NATO《ナトー》（北大西洋条約機構《きたたいせいようじょうやくきこう》）

NATO《ナトー》加盟《かめい》を阻止《そし》したいロシア

プーチンが大統領《だいとうりょう》に就任《しゅうにん》したころから、ソ連寄《れんよ》りだったポーランドなどの国々《くにぐに》が次々《つぎつぎ》とNATO《ナトー》に加盟《かめい》していきます。NATO《ナトー》は冷《れい》戦時代《せんじだい》、アメリカやイギリス、西《にし》ヨーロッパなどの西側諸国《にしがわしょこく》がソ連《れん》と戦争《せんそう》になったときに、加盟国《かめいこく》が協力《きょうりょく》して戦《たたか》うことを目的《もくてき》に結成《けっせい》された軍事同盟《ぐんじどうめい》です。

独立《どくりつ》して民主主義国家《みんしゅしゅぎこっか》となったウクライナ

冷戦時代《れいせんじだい》の東西陣営《とうざいじんえい》

NATO《ナトー》　1949年《ねん》設立《せつりつ》

欧米《おうべい》12か国《こく》から加盟国《かめいこく》を増《ふ》やす

- アメリカ
- イギリス
- フランス
- 西《にし》ドイツ

など

2025年《ねん》2月《がつ》現在《げんざい》、32か国《こく》に拡大《かくだい》

対立《たいりつ》

ワルシャワ条約機構《じょうやくきこう》　1955年《ねん》設立《せつりつ》

東《ひがし》ヨーロッパの8か国《こく》で締結《ていけつ》

- ソ連《れん》
- ポーランド
- ハンガリー
- 東《ひがし》ドイツ

など

1991年《ねん》に解体《かいたい》

ちなみに…

①の「WHO《ダブリューエイチオー》（世界保健機関《せかいほけんきかん》）」は世界《せかい》の人々《ひとびと》の健康《けんこう》を守《まも》るために設立《せつりつ》された国際機関《こくさいきかん》。②の「OECD《オーイーシーディー》（経済協力開発機構《けいざいきょうりょくかいはつきこう》）」は世界《せかい》の経済《けいざい》や社会福祉《しゃかいふくし》の向上《こうじょう》を目的《もくてき》とした国際機関《こくさいきかん》です。

は、「ロシアと仲良《なかよ》くしよう」という政権《せいけん》と「ヨーロッパの国々《くにぐに》と親《した》しくしよう」という政権《せいけん》の間《あいだ》で揺《ゆ》れ動《うご》きました。

「兄弟国《きょうだいこく》のような存在《そんざい》だったウクライナがNATO《ナトー》に取《と》り込《こ》まれてしまうことだけは阻《そ》止《し》したい」。プーチンがウクライナ侵攻《しんこう》を決《き》めたのには、そのような考《かんが》えがありました。

ウクライナはNATO《ナトー》に加盟《かめい》する？

ウクライナのゼレンスキー大統領《だいとうりょう》は、「ウクライナ全土《ぜんど》からロシア軍《ぐん》を追《お》い出《だ》す」として徹底抗戦《てっていこうせん》を決《き》めます。

そして、アメリカをはじめとするNATO《ナトー》加盟国《かめいこく》などから武器《ぶき》の提供《ていきょう》を受《う》けながら、ロシアが侵攻《しんこう》をやめるように国際社会《こくさいしゃかい》にうったえ続《つづ》けています。

ウクライナは「安全《あんぜん》を確保《かくほ》するためにはNATO《ナトー》に入《はい》るしかない」とNATO《ナトー》への加《か》盟《めい》を求《もと》めていますが、2025年《ねん》3月現在《がつげんざい》、その念願《ねんがん》はまだ実現《じつげん》していません。

なぜ“兄弟国《きょうだいこく》”と考《かんが》えるのか？

プーチン大統領《だいとうりょう》がウクライナをロシアの「兄弟《きょうだい》」のように考《かんが》えているのは、1000年前《ねんまえ》にあった「キエフ・ルーシ」と呼《よ》ばれる国《くに》の存《そん》在《ざい》があります。ロシアやウクライナにまたがる地域《ちいき》にあり、その中《ちゅう》心的《しんてき》な都市《とし》はいまのウクライナの首都《しゅと》キーウ（ロシア名《めい》キエフ）でした。プーチンはロシアとウクライナが同《おな》じルーツを持《も》つ1つの民族《みんぞく》だと主張《しゅちょう》しているのです。

QUESTION 09

世《せ》界《かい》にはどれくらいの数《かず》の核《かく》兵《へい》器《き》がある?

① 約《やく》120発《ぱつ》

② 約《やく》1200発《ぱつ》

③ 約《やく》1万《まん》2000発《ぱつ》

被爆者《ひばくしゃ》の努力《どりょく》で実現《じつげん》したTPNW《ティーピーエヌダブリュー》

第二次世界大戦中《だいにじせかいたいせんちゅう》の1945年《ねん》、アメリカが日本《にほん》の長崎《ながさき》と広島《ひろしま》に原子爆弾《げんしばくだん》（原爆《げんばく》）を投下《とうか》し、20万《まん》を超《こ》える人々《ひとびと》が亡《な》くなりました。日本《にほん》は世界唯一《せかいゆいいつ》の被爆国《ひばくこく》として、「核《かく》のない世界《せかい》」をうったえ続《つづ》けています。2017（平成《へいせい》29）年《ねん》には、被爆者《ひばくしゃ》の努力《どりょく》によって核《かく》をつくること、持《も》つこと、使《つか》うことを禁止《きんし》した核兵器禁止条約《かくへいききんしじょうやく》（TPNW《ティーピーエヌダブリュー》）が採択《さいたく》され、現在《げんざい》までに70を超《こ》える国《くに》が批准《ひじゅん》しています。

ところがいまのところ、すでに核《かく》を持《も》っている国《くに》だけではなく、唯一《ゆいいつ》の被爆国《ひばくこく》である日本《にほん》もこの条約《じょうやく》を批准《ひじゅん》していません。

核を持つ国
核から自国や同盟国を守るには核が必要だ！
国が危機になったら核を使うよ
アメリカ
ロシア
核大国
「核の傘」で守られる国
パキスタン
インド
北朝鮮
中国
フランス
イスラエル
イギリス
核兵器のない世界が理想だけど……
日本
韓国

核《かく》を取《と》り巻《ま》く世界《せかい》の状況《じょうきょう》

A09 NSWER

③ 約《やく》1万《まん》2000発《ぱつ》

※2024年《ねん》6月《がつ》時点《じてん》

ちなみに…

保《ほ》有《ゆう》している国《くに》は9か国《こく》。なかでもロシア（約《やく》5600発《ぱつ》）とアメリカ（約《やく》5000発《ぱつ》）の2国《こく》が全体《ぜんたい》の約《やく》9割《わり》を占《し》めています。世界全体《せかいぜんたい》の総数《そうすう》は減少傾向《げんしょうけいこう》にあります。

「核《かく》抑《よく》止《し》力《りょく》」という考《かんが》え方《かた》

そもそも、核兵器《かくへいき》の開発《かいはつ》が始《はじ》まったのは第《だい》二次世界大戦《にじせかいたいせん》のころです。アメリカやソ連《れん》、ドイツ、日本《にほん》が核兵器《かくへいき》の開発《かいはつ》を進《すす》めましたが、いち早《はや》く開発《かいはつ》に成功《せいこう》したのはアメリカでした。その後《ご》、ソ連《れん》が核兵器開発《かくへいきかいはつ》に成功《せいこう》すると、冷《れい》戦時代《せんじだい》に米《べい》ソの核開発《かくかいはつ》はどんどん進《すす》みます。

核戦争《かくせんそう》が起《お》きると、先《さき》に核《かく》ミサイルを発射《はっしゃ》した国《くに》も相手国《あいてこく》から核攻撃《かくこうげき》を受《う》けることにな

世界《せかい》の核弾頭数《かくだんとうすう》
（2024年《ねん》6月時点《がつじてん》）

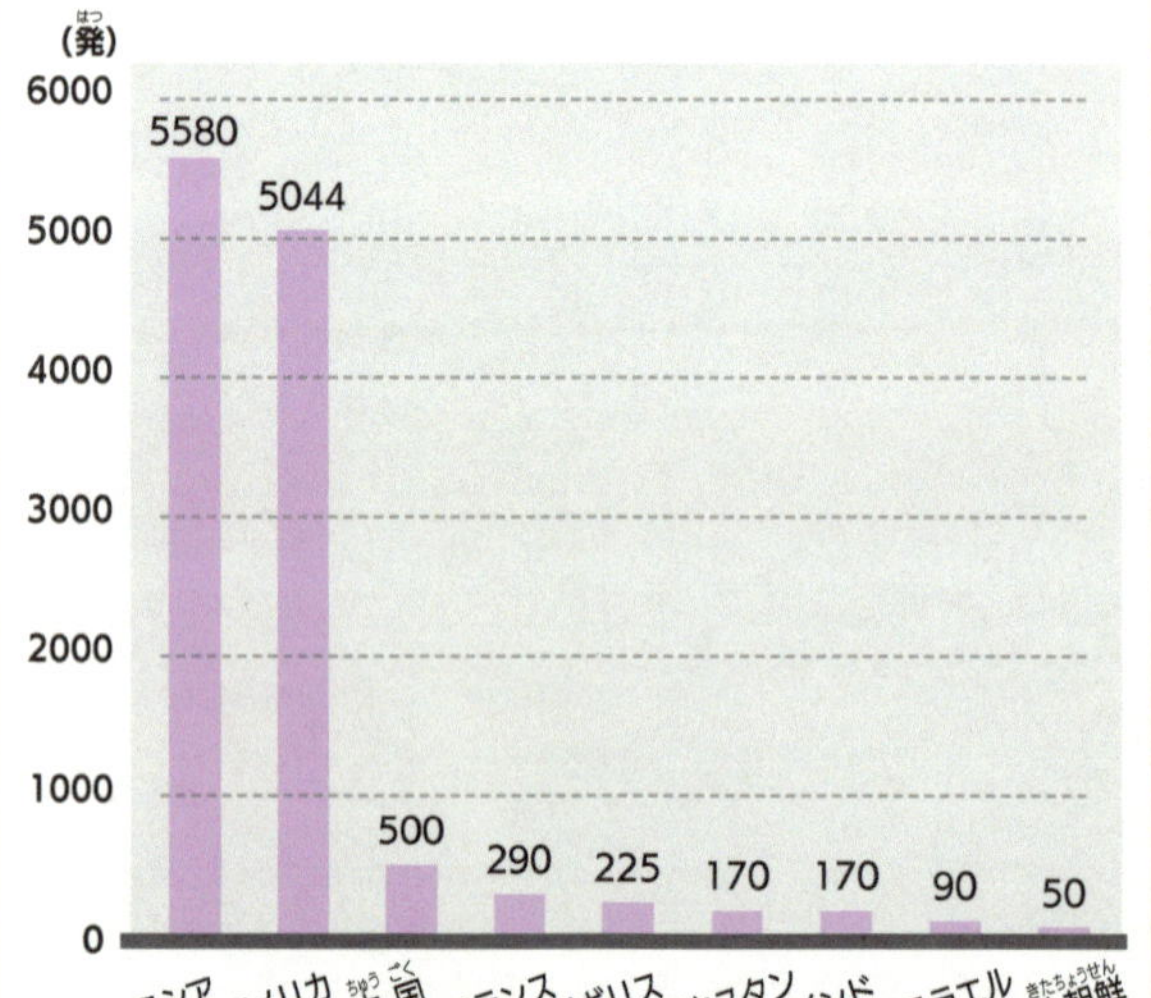

出所《しゅっしょ》：長崎大学核兵器廃絶研究《ながさきだいがくかくへいきはいぜつけんきゅう》センター（RECNA《レクナ》）の推計《すいけい》

ります。核《かく》を使《つか》うとお互《たが》いが破滅《はめつ》するとわかっていれば、かんたんに攻撃《こうげき》できなくなるわけです。ここから核《かく》には戦争《せんそう》を止《と》める力《ちから》（核《かく》抑止力《よくしりょく》）があるという考《かんが》え方《かた》が生《う》まれました。

アメリカの「核《かく》の傘《かさ》」

現在《げんざい》、アメリカとロシア、イギリス、フランス、中国《ちゅうごく》のほか、インドやパキスタン、北《きた》朝鮮《ちょうせん》、イスラエルも核兵器《かくへいき》を保有《ほゆう》しているといわれています。

日本《にほん》は核兵器《かくへいき》を保有《ほゆう》していませんが、アメリカの同盟国《どうめいこく》であるため「核《かく》の傘《かさ》」に守《まも》られています。「アメリカが核《かく》を持《も》っていれば、日本《にほん》は攻《せ》められない」と考《かんが》えているのです。

日本《にほん》は、核保有国《かくほゆうこく》をこれ以上《いじょう》増《ふ》やさないこと、核兵器《かくへいき》を減《へ》らすことなどを目的《もくてき》に1970年《ねん》に発効《はっこう》した核不拡散条約《かくふかくさんじょうやく》（NPT《エヌピーティー》）に参加《さんか》していますが、「核《かく》の傘《かさ》」に守《まも》られているという背景《はいけい》からTPNW《ティーピーエヌダブリュー》の参加《さんか》には消《しょう》極的《きょくてき》なのです。

日本被団協《にほんひだんきょう》とノーベル平和賞《へいわしょう》

2024年《ねん》、広島《ひろしま》・長崎《ながさき》で被爆《ひばく》した立場《たちば》から「核《かく》のない世界《せかい》」を世界《せかい》にうったえてきた日本被団協《にほんひだんきょう》（日《に》本原水爆被害者団体協議会《ほんげんすいばくひがいしゃだんたいきょうぎかい》）が、ノーベル平和賞《へいわしょう》を受賞《じゅしょう》しました。TPNW《ティーピーエヌダブリュー》誕生《たんじょう》の立《た》て役者《やくしゃ》になった団体《だんたい》です。日本政府《にほんせいふ》にも、あいまいな立場《たちば》ではなく、唯一《ゆいいつ》の被《ひ》爆国《ばくこく》として核廃絶《かくはいぜつ》に真剣《しんけん》に取《と》り組《く》んでいくことが求《もと》められているのです。

QUESTION 10

紛争《ふんそう》や迫害《はくがい》によって国《くに》を追《お》われた「難民《なんみん》」は世界《せかい》にどれくらいいる？

① 約《やく》376万《まん》人《にん》

② 約《やく》3760万《まん》人《にん》

③ 約《やく》3億《おく》7600万《まん》人《にん》

難民《なんみん》・国内避難民《こくないひなんみん》とは？

難民《なんみん》や国内避難民《こくないひなんみん》の保護《ほご》や支援《しえん》をしているUNHCR《ユーエヌエイチシーアール》（国連難民高等弁務官事務所《こくれんなんみんこうとうべんむかんじむしょ》）によると、世界《せかい》には迫害《はくがい》や紛争《ふんそう》から逃《のが》れて、国際的《こくさいてき》な保護《ほご》を求《もと》めている人《ひと》が日本《にほん》の人口《じんこう》とほぼ同《おな》じ約《やく》1億《おく》2000万人《まんにん》も存在《そんざい》します。

難民《なんみん》とは、人種《じんしゅ》や宗教《しゅうきょう》、国籍《こくせき》、政治的《せいじてき》意見《いけん》や特定《とくてい》の社会集団《しゃかいしゅうだん》に属《ぞく》するなどの理由《りゆう》で、自国《じこく》にいると迫害《はくがい》を受《う》ける（またはそのおそれがある）ため他国《たこく》に逃《のが》れた人《ひと》のことです。

国内避難民《こくないひなんみん》とは、紛争《ふんそう》などを理由《りゆう》に住《す》み慣《な》れた家《いえ》を追《お》われたものの、国内《こくない》にとどまって避難生活《ひなんせいかつ》を送《おく》っている人《ひと》のことを指《さ》します。

難民《なんみん》と国内避難民《こくないひなんみん》

ANSWER 10

② 約《やく》3760万《まん》人《にん》

※2023年末時点《ねんまつじてん》

ちなみに…

UNHCR《ユーエヌエイチシーアール》の発表《はっぴょう》によると、難民《なんみん》は約《やく》3760万《まん》人《にん》、国内避難民《こくないひなんみん》は約《やく》6830万人《まんにん》も存在《そんざい》しています。故郷《こきょう》を追《お》われる人《ひと》は、紛争《ふんそう》の長期化《ちょうきか》などを理由《りゆう》に年々増加《ねんねんぞうか》しています。

25年間《ねんかん》で3倍《ばい》に増《ふ》えた

現在《げんざい》、世界《せかい》には約《やく》3760万人《まんにん》の難民《なんみん》がいます。最《もっと》も多《おお》いのが約《やく》640万人《まんにん》のアフガニスタンで、シリアやウクライナ、パレスチナは600万人前後《まんにんぜんご》。国内避難民《こくないひなんみん》は約《やく》6830万《まん》人《にん》で、そのうちスーダンが約《やく》910万人《まんにん》、シリアとコロンビアは700万人前後《まんにんぜんご》です。難民《なんみん》・国内避難民《こくないひなんみん》の数《かず》は、2000年《ねん》の3倍以上《ばいいじょう》に増加《ぞうか》しています。これほどまでに増《ふ》

難民認定数《なんみんにんていすう》・認定率《にんていりつ》の比較《ひかく》（2023年《ねん》）

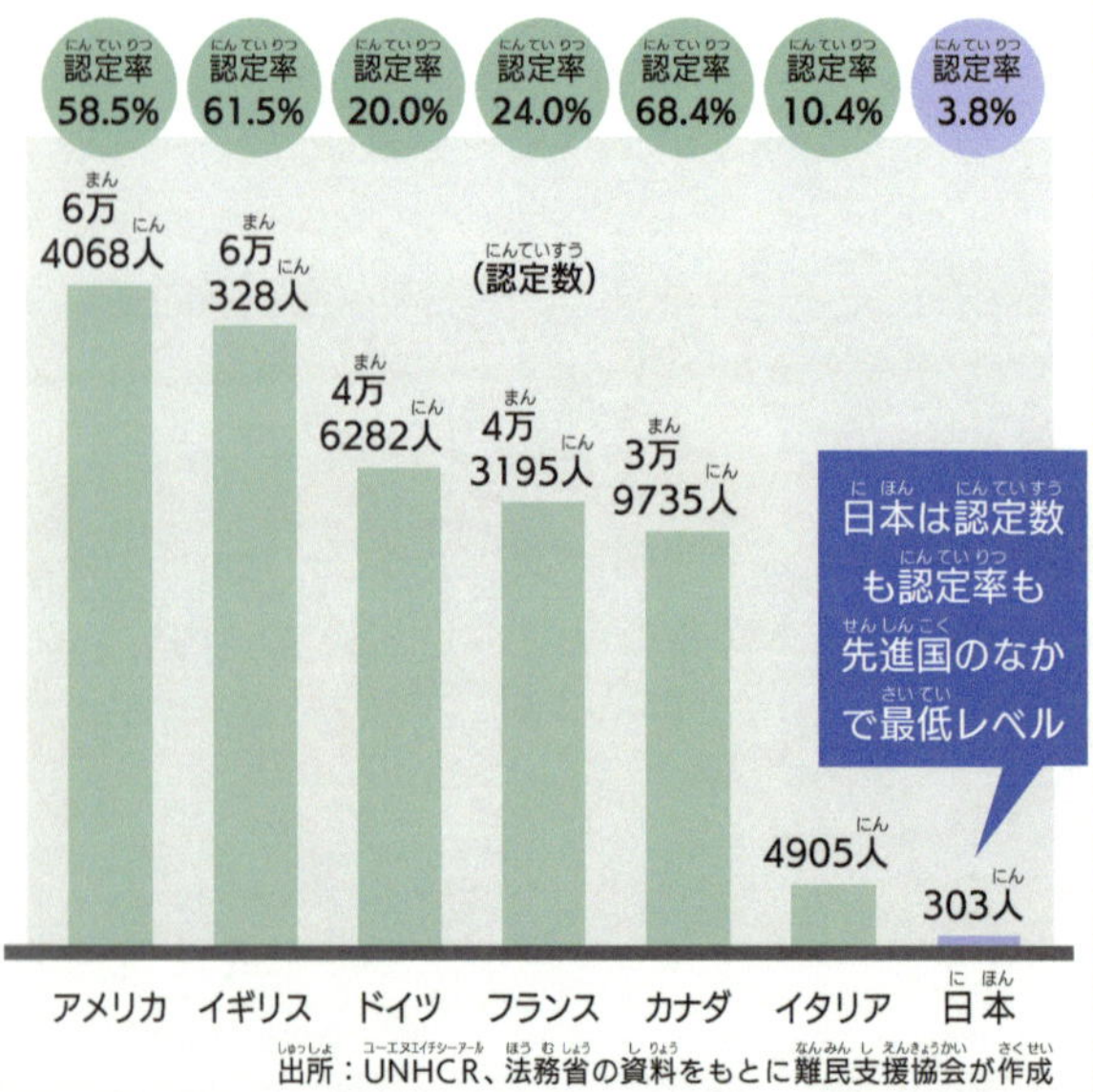

認定率《にんていりつ》 58.5%
認定率《にんていりつ》 61.5%
認定率《にんていりつ》 20.0%
認定率《にんていりつ》 24.0%
認定率《にんていりつ》 68.4%
認定率《にんていりつ》 10.4%
認定率《にんていりつ》 3.8%
6万《まん》4068人《にん》
6万《まん》328人《にん》
（認定数《にんていすう》）
4万《まん》6282人《にん》
4万《まん》3195人《にん》
3万《まん》9735人《にん》
日本《にほん》は認定数《にんていすう》も認定率《にんていりつ》も先進国《せんしんこく》のなかで最低《さいてい》レベル
4905人《にん》
303人《にん》
アメリカ
イギリス
ドイツ
フランス
カナダ
イタリア
日本《にほん》

出所《しゅっしょ》：UNHCR《ユーエヌエイチシーアール》、法務省《ほうむしょう》の資料《しりょう》をもとに難民支援協会《なんみんしえんきょうかい》が作成《さくせい》

えたのは、世界各地《せかいかくち》で新《あら》たな紛争《ふんそう》が相次《あいつ》ぎ、紛争《ふんそう》が長期化《ちょうきか》して祖国《そこく》に戻《もど》ることができない人《ひと》がたくさんいるからです。

日本《にほん》は難民《なんみん》に厳《きび》しい!?

国境《こっきょう》を越《こ》えた難民《なんみん》が向《む》かう先《さき》はほとんどが途上国《とじょうこく》で、先進国《せんしんこく》が保護《ほご》する難民《なんみん》の割合《わりあい》は約《やく》2割《わり》にすぎません。日本《にほん》は難民《なんみん》に対《たい》する人道《じんどう》支援《しえん》や開発支援《かいはつしえん》を積極的《せっきょくてき》におこなっていますが、難民《なんみん》の受《う》け入《い》れについては消極的《しょうきょくてき》です。

2023（令和《れいわ》5）年《ねん》に日本《にほん》で難民《なんみん》として認定《にんてい》された人《ひと》の数《かず》は、わずか303人《にん》。年々《ねんねん》増《ふ》えてはいますが、認定率《にんていりつ》は3・8％とほかの先進国《せんしんこく》と比《くら》べて桁違《けたちが》いに少《すく》ない状況《じょうきょう》です。

この背景《はいけい》には、難民認定《なんみんにんてい》の基準《きじゅん》が厳《きび》しいこと、社会《しゃかい》のなかで難民問題《なんみんもんだい》への理解《りかい》が進《すす》んでいないことなどがあると考《かんが》えられます。世界《せかい》第《だい》4位《い》の経済大国《けいざいたいこく》である日本《にほん》は、国際社会《こくさいしゃかい》での役割《やくわり》をしっかりと果《は》たしていく必要《ひつよう》があるでしょう。

日本《にほん》の難民《なんみん》の現状《げんじょう》は?

2024年《ねん》10月《がつ》、改正入管法《かいせいにゅうかんほう》が施《し》行《こう》されて、3回目以降《かいめいこう》の難民申《なんみんしん》請者《せいしゃ》を強制的《きょうせいてき》に本国《ほんごく》に送《おく》り返《かえ》すことができるようになりました。「難民認定申請《なんみんにんていしんせい》を繰《く》り返《かえ》すことで、退去《たいきょ》を回避《かいひ》しようとする人《ひと》がいる」というのがその理由《りゆう》ですが、「難民《なんみん》として日本《にほん》に保護《ほご》を求《もと》めている人《ひと》を、迫害《はくがい》のおそれのある国《くに》に送還《そうかん》する可能性《かのうせい》がある」という問題《もんだい》も指摘《してき》されています。

第《だい》2章《しょう》

QUESTION 11

中国《ちゅうごく》、台湾《たいわん》、東南《とうなん》アジアの国々《くにぐに》が領有権《りょうゆうけん》を主張《しゅちょう》する海域《かいいき》は？

① 東《ひがし》シナ海《かい》

② 日本海《にほんかい》

③ 南《みなみ》シナ海《かい》

小《ちい》さな島々《しまじま》をめぐる争《あらそ》い

中国《ちゅうごく》南東岸《なんとうがん》とインドシナ半島《はんとう》、マレー半《はん》島《とう》、カリマンタン（ボルネオ）島《とう》、フィリピン、そして台湾《たいわん》に囲《かこ》まれた海域《かいいき》を「南《みなみ》シナ海《かい》」と呼《よ》びます。この南《みなみ》シナ海《かい》にある島々《しまじま》をめぐって、東南《とうなん》アジア諸国《しょこく》と中国《ちゅうごく》との間《あいだ》で領有権争《りょうゆうけんあらそ》いが続《つづ》いています。

南沙諸島《なんさしょとう》を「自国《じこく》の領土《りょうど》だ」と主張《しゅちょう》しているのは、中国《ちゅうごく》と台湾《たいわん》、ベトナム、フィリピン、マレーシア、ブルネイ。西沙諸島《せいさしょとう》を「自国《じこく》の領土《りょうど》だ」と主張《しゅちょう》しているのが、中国《ちゅうごく》と台湾《たいわん》、ベトナムです。これらの国々《くにぐに》は、なぜ小《ちい》さな島々《しまじま》をめぐって争《あらそ》っているのでしょうか。

緊迫《きんぱく》する領有《りょうゆう》権《けん》争《あらそ》い

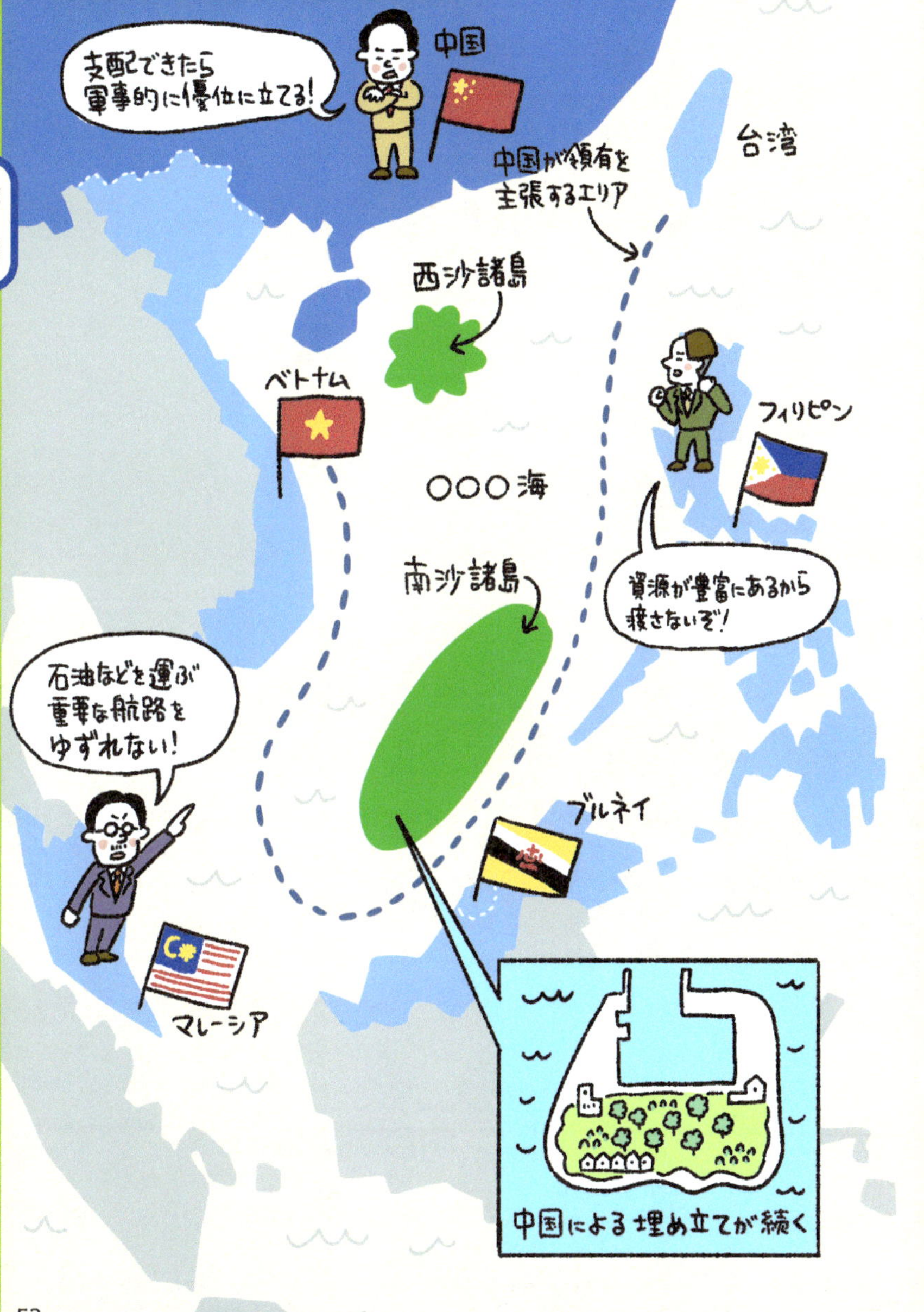

A11 NSWER

③ 南《みなみ》シナ海《かい》

もとは日本《にほん》の占領地《せんりょうち》だった

第二次世界大戦《だいにじせかいたいせん》が終《お》わるまで、南沙諸島《なんさしょとう》や西沙諸島《せいさしょとう》は日本《にほん》が占領《せんりょう》していました。戦後《せんご》に結《むす》ばれたサンフランシスコ講和条約《こうわじょうやく》で日本《にほん》はそれらの領有権《りょうゆうけん》を手放《てばな》しましたが、「どの国《くに》に属《ぞく》する島《しま》か」は決《き》められないままでした。

そんななか、1970年代《ねんだい》に豊《ゆた》かな天然資源《てんねんしげん》が眠《ねむ》っていることが明《あき》らかになると、中国《ちゅうごく》やベトナム、フィリピンなどの周辺国《しゅうへんこく》が次々《つぎつぎ》

南《みなみ》シナ海《かい》に進出《しんしゅつ》する中国《ちゅうごく》

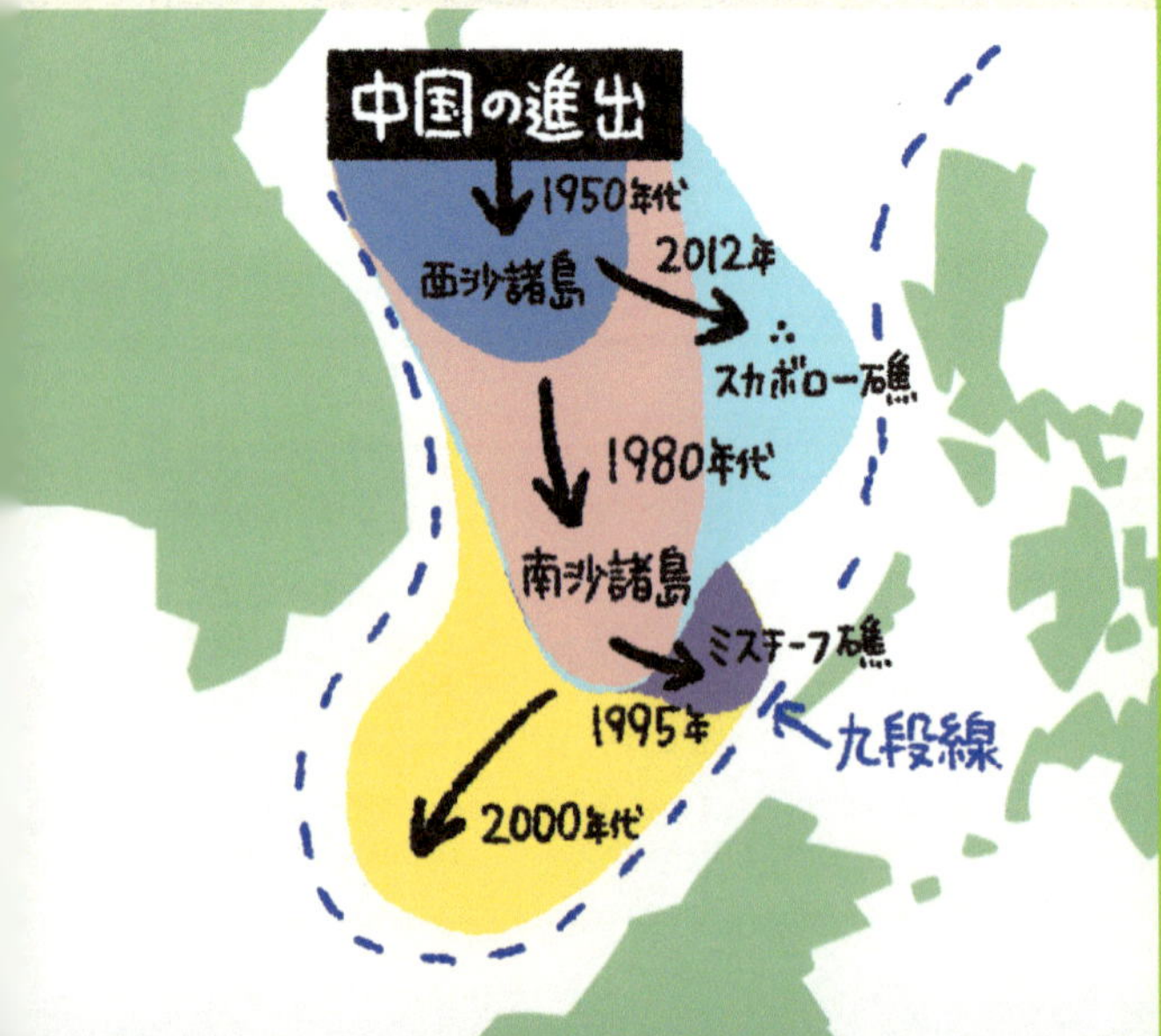

中国の進出
1950年代
西沙諸島
2012年
スカボロー礁
1980年代
南沙諸島
ミスチーフ礁
1995年
九段線
2000年代

ちなみに…

南沙諸島《なんさしょとう》や西沙諸島《せいさしょとう》をめぐって各国《かっこく》が領有権《りょうゆうけん》争《あらそ》いを続《つづ》けています。南《みなみ》シナ海《かい》は重要《じゅうよう》な海上交通路《かいじょうこうつうろ》で、石油《せきゆ》や天然《てんねん》ガスなどの天然資源《てんねんしげん》も多《おお》く存在《そんざい》するといわれています。

と領有権《りょうゆうけん》を主張《しゅちょう》するようになったのです。

2006年《ねん》には、何《なに》もなかった岩礁《がんしょう》を中国《ちゅうごく》が埋《う》め立《た》てて人工島《じんこうとう》を建設《けんせつ》。国際法《こくさいほう》（国連海洋法条約《こくれんかいようほうじょうやく》）に照《て》らして領土《りょうど》にはできないはずの人工島《じんこうとう》に滑走路《かっそうろ》などをつくって軍事基地《ぐんじきち》にし、「中国《ちゅうごく》の領土《りょうど》だ」と強引《ごういん》に主張《しゅちょう》しました。ベトナムやフィリピンとの対立《たいりつ》は激《はげ》しさを増《ま》す一方《いっぽう》です。

日米《にちべい》が注目《ちゅうもく》している理由《りゆう》

南《みなみ》シナ海《かい》の島々《しまじま》をめぐる領有権争《りょうゆうけんあらそ》いは、遠《とお》く離《はな》れた日本《にほん》やアメリカにとってもひとごとではありません。

それはこの海域《かいいき》が、中東《ちゅうとう》の石油《せきゆ》をはじめとする貿易品《ぼうえきひん》を太平洋側《たいへいようがわ》に運《はこ》ぶ重要《じゅうよう》な海上交通路《かいじょうこうつうろ》（シーレーン）だからです。

海洋進出《かいようしんしゅつ》を強《つよ》める中国《ちゅうごく》を日本《にほん》やアメリカは警戒《けいかい》し、フィリピンやオーストラリアとともに南《みなみ》シナ海《かい》でたびたび合同軍事演習《ごうどうぐんじえんしゅう》をおこない、中国《ちゅうごく》に〝にらみ〟をきかせています。

中国《ちゅうごく》が自国領《じこくりょう》と主張《しゅちょう》する根拠《こんきょ》は？

中国《ちゅうごく》が南《みなみ》シナ海《かい》の島々《しまじま》を自国《じこく》のものと主張《しゅちょう》している根拠《こんきょ》は、600年以上《ねんいじょう》も前《まえ》の明《みん》の時代《じだい》にさかのぼります。当時《とうじ》、中国人《ちゅうごくじん》が南《みなみ》シナ海全域《かいぜんいき》に進出《しんしゅつ》して島々《しまじま》に名前《なまえ》をつけていたというのです。もちろん、これは国際法《こくさいほう》で領海《りょうかい》が定《さだ》められるはるか以前《いぜん》のことですが、これをもとに中国《ちゅうごく》はU字型《ユーじがた》をした「九段線《きゅうだんせん》」という破線《はせん》を地図上《ちずじょう》に引《ひ》いて自国領《じこくりょう》と主張《しゅちょう》しています。

QUESTION 12

韓国《かんこく》の若者《わかもの》に兵役《へいえき》の義務《ぎむ》があるのはなぜ？

① 心身《しんしん》を鍛《きた》えたいから

② 戦争《せんそう》が終《お》わっていないから

③ 日本《にほん》と仲《なか》が悪《わる》いから

同《おな》じ民族《みんぞく》が南北《なんぼく》に分《わ》かれて戦《たたか》った

アジア大陸東端《たいりくとうたん》から南《みなみ》に突《つ》き出《だ》した朝鮮半島《ちょうせんはんとう》（面積《めんせき》は日本《にほん》の60％ほど）で、半世紀以上《はんせいきいじょう》にわたって同一民族《どういつみんぞく》が南北分断状態《なんぼくぶんだんじょうたい》にあります。

１９４５年《ねん》、日本《にほん》の敗戦《はいせん》で植民地支配《しょくみんちしはい》が終《お》わると、半島《はんとう》の北《きた》にソ連《れん》の支援《しえん》を受《う》ける北朝鮮《きたちょうせん》、南《みなみ》にアメリカを後《うし》ろ盾《だて》とする韓国《かんこく》がつくられました。１９５０年《ねん》には北朝鮮《きたちょうせん》が武力《ぶりょく》で統一《とういつ》しようと韓国《かんこく》に侵攻《しんこう》。同《おな》じ民族《みんぞく》が敵《てき》と味《み》方《かた》に分《わ》かれて戦《たたか》いました。「朝鮮戦争《ちょうせんせんそう》」です。ソ連《れん》が１９９１年《ねん》に崩壊《ほうかい》したあとも、北朝鮮側《きたちょうせんがわ》にロシアと中国《ちゅうごく》、韓国側《かんこくがわ》にはアメリカと日本《にほん》がついて、現在《げんざい》も対立《たいりつ》が続《つづ》いています。

北朝鮮《きたちょうせん》と韓国《かんこく》の現状《げんじょう》

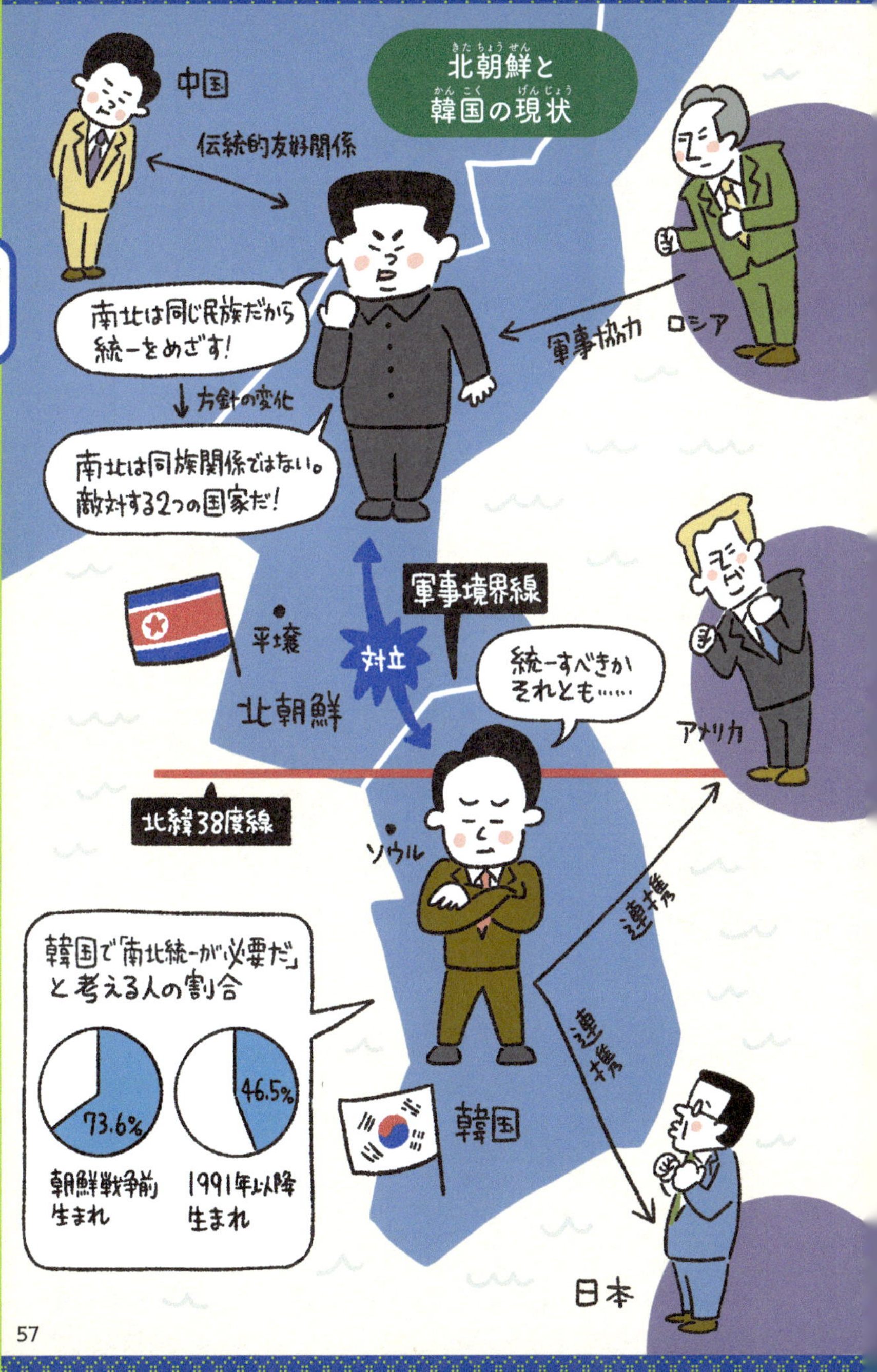
中国
伝統的友好関係
南北は同じ民族だから統一をめざす!
↓方針の変化
南北は同族関係ではない。敵対する2つの国家だ!
軍事協力　ロシア
軍事境界線
平壌
対立
北朝鮮
統一すべきかそれとも……
アメリカ
北緯38度線
ソウル
韓国で「南北統一が必要だ」と考える人の割合
73.6%
朝鮮戦争前生まれ
46.5%
1991年以降生まれ
連携
連携
韓国
日本

A12 NSWER

② 戦争《せんそう》が終《お》わっていないから

ちなみに…

韓国《かんこく》では、20～28歳《さい》の健康《けんこう》な男性《だんせい》に兵役《へいえき》の義務《ぎむ》があります。朝鮮戦争《ちょうせんせんそう》が終《お》わっていないため、一定期間《いっていきかん》軍隊《ぐんたい》に所属《しょぞく》して国《くに》を守《まも》る義務《ぎむ》を果《は》たさなければならないのです。

両国《りょうこく》はいまも「戦争状態《せんそうじょうたい》」

朝鮮戦争《ちょうせんせんそう》が1953年《ねん》に休戦《きゅうせん》になって以降《いこう》、南北《なんぼく》は分断《ぶんだん》されたままになっています。両国《りょうこく》の間《あいだ》で平和条約《へいわじょうやく》は結《むす》ばれていないため、形式上《けいしきじょう》はいまも「戦争状態《せんそうじょうたい》」にあるのです。

北朝鮮《きたちょうせん》と韓国《かんこく》で過去《かこ》に何度《なんど》か統一《とういつ》に向《む》けた取《と》り組《く》みがおこなわれましたが、近年《きんねん》は対立《たいりつ》が深《ふか》まり、実現《じつげん》が遠《とお》のいたとみられています。

かつては「同《おな》じ民族《みんぞく》だから統一《とういつ》をめざす」

北朝鮮《きたちょうせん》と韓国《かんこく》のGNI《ジーエヌアイ》

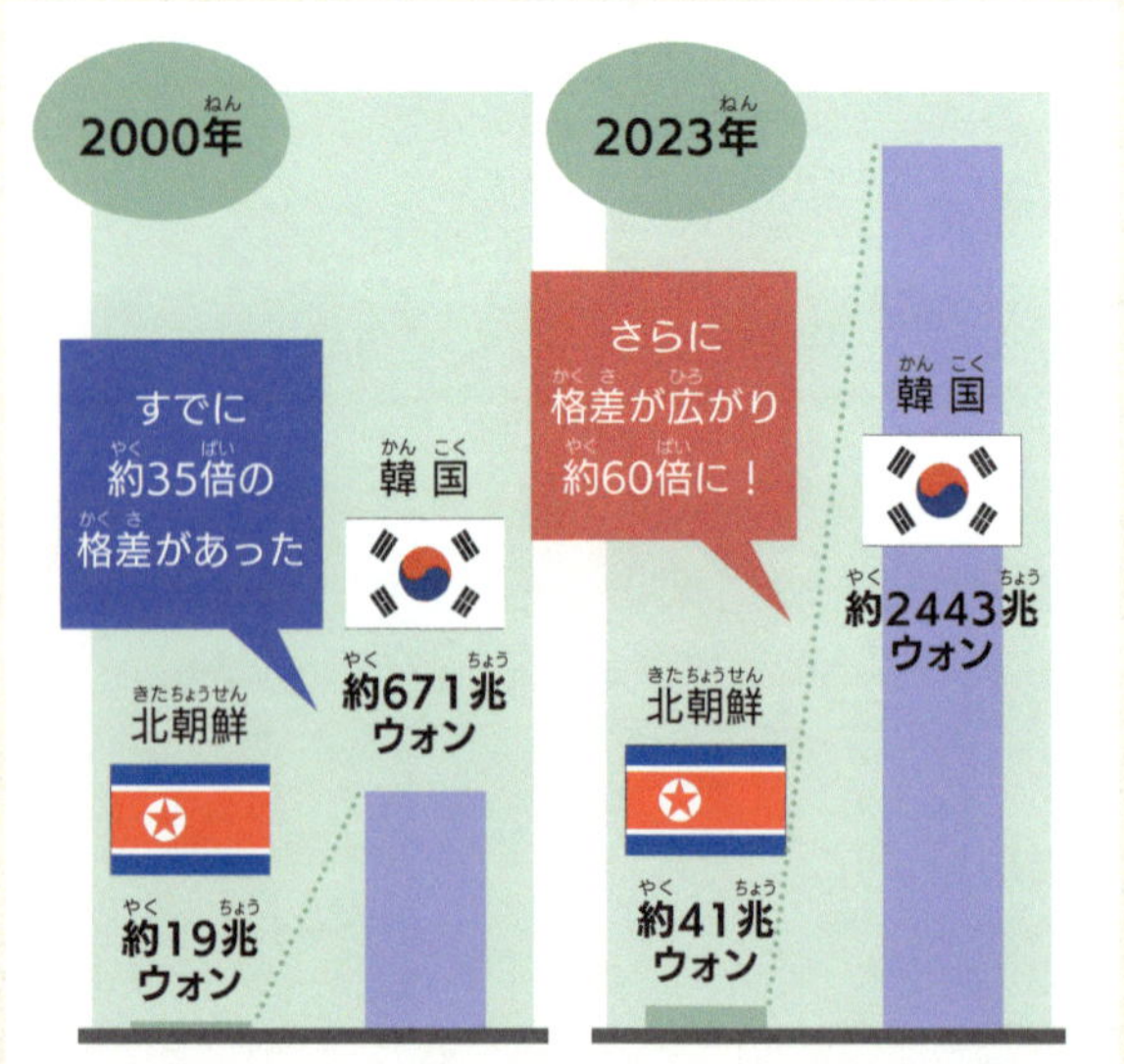

2000年《ねん》
すでに約《やく》35倍《ばい》の格差《かくさ》があった
韓《かん》国《こく》
約《やく》671兆《ちょう》ウォン
北朝鮮《きたちょうせん》
約《やく》19兆《ちょう》ウォン
2023年《ねん》
さらに格差《かくさ》が広《ひろ》がり約《やく》60倍《ばい》に！
韓《かん》国《こく》
約《やく》2443兆《ちょう》ウォン
北朝鮮《きたちょうせん》
約《やく》41兆《ちょう》ウォン

※北朝鮮《きたちょうせん》は推定《すいてい》　出所《しゅっしょ》：韓国統計庁《かんこくとうけいちょう》、韓国銀行《かんこくぎんこう》

と発言《はつげん》していた北朝鮮《きたちょうせん》の金正恩《キムジョンウン》総書記《そうしょき》が、「敵対《てきたい》する国《くに》なので、統一《とういつ》をめざすべきではない」と方針《ほうしん》を変《か》えたからです。

統一《とういつ》をはばむ経済格差《けいざいかくさ》

韓国《かんこく》では、南北統一《なんぼくとういつ》についてどのように考《かんが》えられているのでしょうか。

統一研究院《とういつけんきゅういん》の国民意識調査《こくみんいしきちょうさ》（2024年《ねん》）によると、「南北統一《なんぼくとういつ》が必要《ひつよう》」と考《かんが》える人《ひと》は52・9％。ただし、朝鮮戦争《ちょうせんせんそう》が始《はじ》まる前《まえ》に生《う》まれた世代《せだい》が73・6％なのに対《たい》して、1991年《ねん》以降《いこう》に生《う》まれた若《わか》い世代《せだい》は46・5％と、世代間《せだいかん》の意識《いしき》は大《おお》きく異《こと》なるようです。

南北統一《なんぼくとういつ》が難《むずか》しいのは、「民主的《みんしゅてき》な韓国《かんこく》」と「独裁政権《どくさいせいけん》が続《つづ》く北朝鮮《きたちょうせん》」という政治体制《せいじたいせい》の違《ちが》いだけが原因《げんいん》なのではありません。

韓国《かんこく》のGNI《ジーエヌアイ》（国民総所得《こくみんそうしょとく》）は、北朝鮮《きたちょうせん》の約《やく》60倍《ばい》（2023年《ねん》）。この経済格差《けいざいかくさ》も両国《りょうこく》が1つの国《くに》にまとまることを難《むずか》しくしています。

朝鮮戦争《ちょうせんせんそう》は代理戦争《だいりせんそう》だった

第二次世界大戦後《だいにじせかいたいせんご》、世界《せかい》では資本主義諸国《しほんしゅぎしょこく》の西側《にしがわ》と、社会主義諸国《しゃかいしゅぎしょこく》の東側《ひがしがわ》の2つの陣営《じんえい》に分《わ》かれて対立《たいりつ》するようになりました。この対立《たいりつ》を「冷戦《れいせん》」といいます。西側陣営《にしがわじんえい》の中心《ちゅうしん》はアメリカ、東側陣営《ひがしがわじんえい》の中心《ちゅうしん》はソ連《れん》です。朝鮮戦争《ちょうせんせんそう》やベトナム戦争《せんそう》は、この冷戦《れいせん》のさなかに起《お》きた「代理戦争《だいりせんそう》（当事者《とうじしゃ》とならずに、ほかの国《くに》を身代《みが》わりに立《た》てる戦争《せんそう》）」という側面《そくめん》もありました。

戦争《せんそう》に「ルール」ってあるの？

人《ひと》と人《ひと》が傷《きず》つけ合《あ》ったり、殺《ころ》し合《あ》ったり……。さまざまな理由《りゆう》で起《お》きている戦争《せんそう》ですが、じつは「やってはいけないルール」が存在《そんざい》します。

戦争《せんそう》のルールは守《まも》られている？

どんなに深《ふか》く知《し》っている友達《ともだち》や家族《かぞく》であってもけんかが起《お》きたり仲《なか》が悪《わる》くなったりするように、国《くに》と国《くに》の争《あらそ》いをなくすのはかんたんなことではありません。

それでも、戦争《せんそう》で人《ひと》と人《ひと》が傷《きず》つけ合《あ》うのを放《ほう》っておくわけにはいきません。そこで、過去《かこ》に起《お》きた戦争《せんそう》の苦《にが》い経験《けいけん》から、戦争《せんそう》にも「ルール」がもうけられています。人《ひと》が殺《ころ》し合《あ》うのにルールがあるなんて、不思議《ふしぎ》だと思《おも》いませんか？

そのルールの1つが、「傷《きず》ついた兵士《へいし》はそれ以上《いじょう》攻撃《こうげき》せずに助《たす》ける」などの決《き》まりが定《さだ》められた「ジュネーブ条約《じょうやく》」（1864年《ねん》）です。第二次世界大戦後《だいにじせかいたいせんご》の1949年《ねん》には全面的《ぜんめんてき》に改正《かいせい》され、「捕虜《ほりょ》になった兵士《へいし》を傷《きず》つけたり、名誉《めいよ》を傷《きず》つけたりしてはいけない」「民間人《みんかんじん》を攻撃《こうげき》してはいけない」ことも定《さだ》められました。

ほかにも、毒《どく》ガスなどの化学兵器《かがくへいき》を使《つか》ってはいけない、人間《にんげん》を傷《きず》つけるために地雷《じらい》を使《つか》ってはいけないという条約《じょうやく》も結《むす》ばれています。

このように、戦争《せんそう》にまつわるさまざまなルールがありますが、残念《ざんねん》ながら「守《まも》られていない」というのが現実《げんじつ》です。

戦争《せんそう》をなくすためには何《なに》をすればいい？

世界《せかい》から戦争《せんそう》をなくすことはできないとしても、「なくすための努力《どりょく》」はできます。重要《じゅうよう》なのは、どうしたら最悪《さいあく》の事態《じたい》を回避《かいひ》できるのか、良《よ》い方向《ほうこう》に進《すす》めるのかを考《かんが》え続《つづ》けることです。

あなたも、もし戦争《せんそう》などのニュースに接《せっ》したら、片方《かたほう》だけではなく双方《そうほう》の言《い》い分《ぶん》を理解《りかい》したうえで、「どんなことが背景《はいけい》となって起《お》きたのか」「どうすれば解決《かいけつ》するのか」を考《かんが》えてみましょう。

第《だい》3章《しょう》

「宗教《しゅうきょう》と社会《しゃかい》」の世界情勢《せかいじょうせい》

キリスト教《きょう》や仏教《ぶっきょう》、イスラム教《きょう》、ユダヤ教《きょう》など、世界《せかい》には多《た》様《よう》な「宗教《しゅうきょう》」があります。この章《しょう》では、世界情勢《せかいじょうせい》を読《よ》み解《と》くために知《し》っておきたい宗教《しゅうきょう》と社《しゃ》会《かい》のしくみを学《まな》びましょう。

QUESTION 13

世界《せかい》で最《もっと》も古《ふる》くからある宗教《しゅうきょう》は？

① キリスト教《きょう》

② イスラム教《きょう》

③ ユダヤ教《きょう》

「世《せ》界《かい》三《さん》大《だい》宗教《しゅうきょう》」とは？

宗教《しゅうきょう》とは、神《かみ》や仏《ほとけ》など人間《にんげん》や自然《しぜん》を超《こ》えた存在《そんざい》を信《しん》じるおこない、それにともなう儀式《ぎしき》や制度《せいど》のことをいいます。世界《せかい》にはさまざまな宗教《しゅうきょう》が存在《そんざい》し、世界《せかい》の人口《じんこう》の8割《わり》以上《いじょう》が何《なに》かしらの宗教《しゅうきょう》を信仰《しんこう》しています。

最《もっと》も信《しん》じている人《ひと》の数《かず》が多《おお》いのはキリスト教《きょう》。それにイスラム教《きょう》、ヒンドゥー教《きょう》、仏教《ぶっきょう》が続《つづ》きます。このうち世界中《せかいじゅう》に多《おお》くの信者《しんじゃ》がいるキリスト教《きょう》、イスラム教《きょう》、仏教《ぶっきょう》は「世界《せかい》三大宗教《さんだいしゅうきょう》」と呼《よ》ばれています。ヒンドゥー教《きょう》は信者数《しんじゃすう》こそ多《おお》いですが、ほぼインドだけで信仰《しんこう》されているためふくまれません。

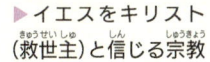

世界《せかい》の宗教《しゅうきょう》の信者数《しんじゃすう》
（2010年推計《ねんすいけい》）

仏《ぶっ》教《きょう》

◀ブッダの教《おし》えにしたがって、この世《よ》の苦《くる》しみから解放《かいほう》された、さとりの境地《きょうち》をめざす宗教《しゅうきょう》

キリスト教《きょう》

▶イエスをキリスト（救世主《きゅうせいしゅ》）と信《しん》じる宗教《しゅうきょう》

■伝統信仰《でんとうしんこう》
4億人《おくにん》（5.9%）

■ユダヤ教《きょう》
0.1億人《おくにん》（0.2%）

■その他《た》の宗教《しゅうきょう》
0.8億人《おくにん》（0.8%）

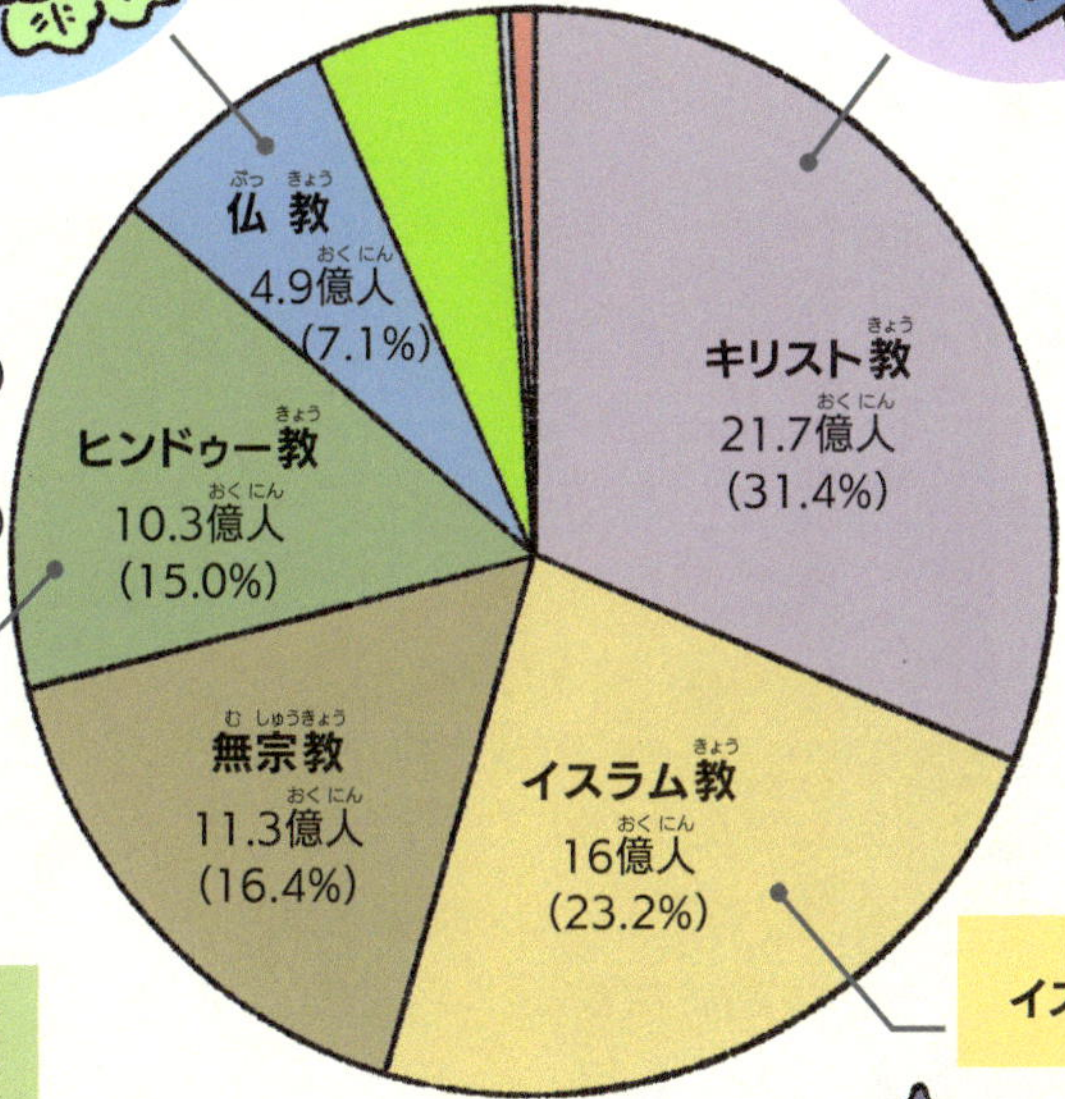
仏《ぶっ》教《きょう》
4.9億人《おくにん》
（7.1%）
キリスト教《きょう》
21.7億人《おくにん》
（31.4%）
ヒンドゥー教《きょう》
10.3億人《おくにん》
（15.0%）
無宗教《むしゅうきょう》
11.3億人《おくにん》
（16.4%）
イスラム教《きょう》
16億人《おくにん》
（23.2%）

ヒンドゥー教《きょう》

◀おもにインドで信《しん》じられている世界最《せかいさい》大《だい》の民族宗教《みんぞくしゅうきょう》

イスラム教《きょう》

▶唯一神《ゆいいつしん》（アッラー）の教《おし》えにしたがって生《い》きる宗教《しゅうきょう》

出所《しゅっしょ》：ピュー・リサーチ・センター

A13 ANSWER

③ ユダヤ教《きょう》

ちなみに…

ユダヤ教《きょう》は紀元前《きげんぜん》13世紀《せいき》ごろ、キリスト教《きょう》は1世紀《せいき》にパレスチナで、イスラム教《きょう》は7世紀前半《せいきぜんはん》に中東《ちゅうとう》で生《う》まれた宗教《しゅうきょう》です。仏教《ぶっきょう》は紀元前《きげんぜん》6〜5世紀《せいき》にインドで誕生《たんじょう》しました。

同《おな》じ神《かみ》を信《しん》じる3つの宗教《しゅうきょう》

キリスト教《きょう》とユダヤ教《きょう》、イスラム教《きょう》は、まったく違《ちが》う宗教《しゅうきょう》だと思《おも》っている人《ひと》がいるかもしれません。しかし、これら3つの宗教《しゅうきょう》には、じつは深《ふか》い関《かか》わりがあります。

1世紀《せいき》に成立《せいりつ》したキリスト教《きょう》はユダヤ教《きょう》を背景《はいけい》に生《う》まれ、7世紀《せいき》に成立《せいりつ》したイスラム教《きょう》はこの2つの宗教《しゅうきょう》に大《おお》きな影響《えいきょう》を受《う》けています。ユダヤ教《きょう》の神《かみ》を「ヤハウェ」といい

同《おな》じ神《かみ》を持《も》つ3つの宗教《しゅうきょう》

	神《かみ》	聖典《せいてん》など
ユダヤ教《きょう》	ヤハウェ	聖書《せいしょ》（旧約聖書《きゅうやくせいしょ》）
キリスト教《きょう》	父《ちち》なる神《かみ》	新約聖書《しんやくせいしょ》・旧約聖書《きゅうやくせいしょ》
イスラム教《きょう》	アッラー	クルアーン（聖書《せいしょ》も重要視《じゅうようし》）

いずれも同《おな》じ神《かみ》のことを指《さ》す

ますが、キリスト教《きょう》の「父《ちち》なる神《かみ》」、イスラム教《きょう》の神《かみ》「アッラー」も同《おな》じ神《かみ》のことを指《さ》しているのです。

唯一《ゆいいつ》の神《かみ》を信《しん》じる「一神教《いっしんきょう》」であるこれらの宗教《しゅうきょう》は、いわば〝きょうだい〟のような存在《そんざい》なのです。

宗教《しゅうきょう》の違《ちが》いで戦争《せんそう》が起《お》きる!?

宗教《しゅうきょう》には、同《おな》じ教《おし》えにしたがう人《ひと》を中心《ちゅうしん》として「平和《へいわ》な社会《しゃかい》をつくる」という良《よ》い面《めん》があります。

一方《いっぽう》で、教《おし》えにしたがわない人《ひと》、違《ちが》う考《かんが》えを持《も》つ人《ひと》を「平和《へいわ》を壊《こわ》す存在《そんざい》だ」と考《かんが》えて、争《あらそ》いが起《お》きてしまうこともあります。同《おな》じ宗教《しゅうきょう》のなかで異《こと》なる宗派《しゅうは》に分《わ》かれて争《あらそ》ったり、別《べつ》の宗教《しゅうきょう》とぶつかり合《あ》ったりするのは、歴史《れきし》上《じょう》でよくみられたことです。

しかし、じつは宗教《しゅうきょう》の違《ちが》いだけで戦争《せんそう》が起《お》きることはそれほど多《おお》くありません。パレスチナ問題《もんだい》（36ページ）もそうですが、多《おお》くは「土地《とち》の奪《うば》い合《あ》い」が背景《はいけい》にあったのです。

今後《こんご》はイスラム教徒《きょうと》が最大勢力《さいだいせいりょく》に

現在《げんざい》は、キリスト教《きょう》が最大《さいだい》の信者数《しんじゃすう》を持《も》つ宗教《しゅうきょう》です。しかし、今後《こんご》はイスラム教《きょう》が最大《さいだい》になるそうです。アメリカの調査《ちょうさ》機関《きかん》ピュー・リサーチ・センターの予測《よそく》によると、2070年《ねん》にはイスラム教徒《きょうと》とキリスト教徒《きょうと》がそれぞれ32.3％とほぼ同数《どうすう》になり、2100年《ねん》にはイスラム教徒《きょうと》が35％に達《たっ》するそうです。

QUESTION 14

中東《ちゅうとう》の国《くに》の イランと仲《なか》が悪《わる》いのは どの国《くに》?

① 中国《ちゅうごく》

② アメリカ

③ 日本《にほん》

イスラム教《きょう》の二大宗派《にだいしゅうは》

イスラム教《きょう》は、7世紀初《せいきはじ》めにアラビア半島《はんとう》のメッカで神《かみ》から突然《とつぜん》〝言葉《ことば》を預《あず》かった〟ムハンマド(預言者《よげんしゃ》)が、その言葉《ことば》を人々《ひとびと》に伝《つた》えたのが始《はじ》まりです。

イスラム教《きょう》は大《おお》きく「スンニ派《は》」と「シーア派《は》」に分《わ》かれていますが、2つの宗派《しゅうは》に分《ぶん》裂《れつ》したのは、ムハンマドの後継者《こうけいしゃ》をめぐる考《かんが》え方《かた》の違《ちが》いが発端《ほったん》でした。現在《げんざい》、世界《せかい》のイスラム教徒《きょうと》のうち8割強《わりきょう》をスンニ派《は》、1割強《わりきょう》をシーア派《は》が占《し》めているといわれていて、スンニ派《は》の国《くに》としてはサウジアラビア、シーア派《は》の国《くに》としてイランがよく知《し》られています。

現在《げんざい》の中東情勢《ちゅうとうじょうせい》

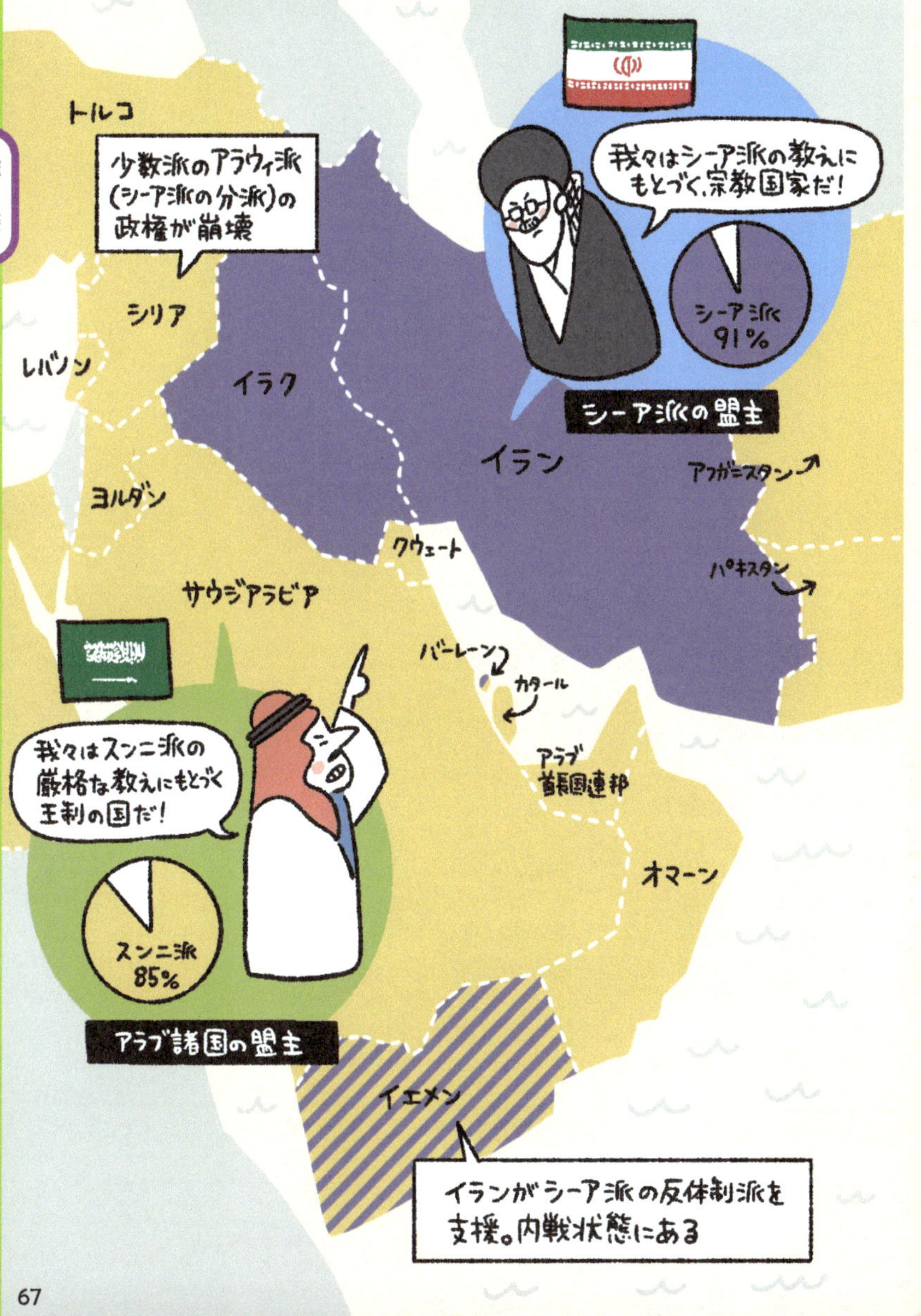
トルコ
少数派のアラウィ派(シーア派の分派)の政権が崩壊
シリア
レバノン
イラク
ヨルダン
イラン
我々はシーア派の教えにもとづく宗教国家だ！
シーア派 91%
シーア派の盟主
アフガニスタン
パキスタン
クウェート
サウジアラビア
バーレーン
カタール
アラブ首長国連邦
我々はスンニ派の厳格な教えにもとづく王制の国だ！
スンニ派 85%
アラブ諸国の盟主
オマーン
イエメン
イランがシーア派の反体制派を支援。内戦状態にある

ANSWER 14

② アメリカ

ちなみに…

イランはもともと親米《しんべい》の国《くに》でしたが、1979年《ねん》のイラン・イスラム革命《かくめい》で政権《せいけん》が代《か》わり、反米《はんべい》国家《こっか》に。同年《どうねん》の首都《しゅと》テヘランでアメリカ大使館《たいしかん》占拠事件《せんきょじけん》があり、対立《たいりつ》が始《はじ》まりました。

中東諸国《ちゅうとうしょこく》を巻《ま》き込《こ》む対立《たいりつ》

中東《ちゅうとう》では近年《きんねん》、各地《かくち》でさまざまな対立《たいりつ》が起《お》き、混乱《こんらん》が続《つづ》いています。その対立《たいりつ》の軸《じく》となっているのが、サウジアラビアとイランです。

サウジアラビアはスンニ派《は》の厳《きび》しい教《おし》えにもとづいた王制《おうせい》の国《くに》で、アメリカとよい関係《かんけい》を築《きず》いてきました。一方《いっぽう》、シーア派《は》の教《おし》えにもとづいた宗教国家《しゅうきょうこっか》であるイランは、アメリカと敵対関係《てきたいかんけい》にあります。

サウジアラビアとイランをめぐる状況《じょうきょう》

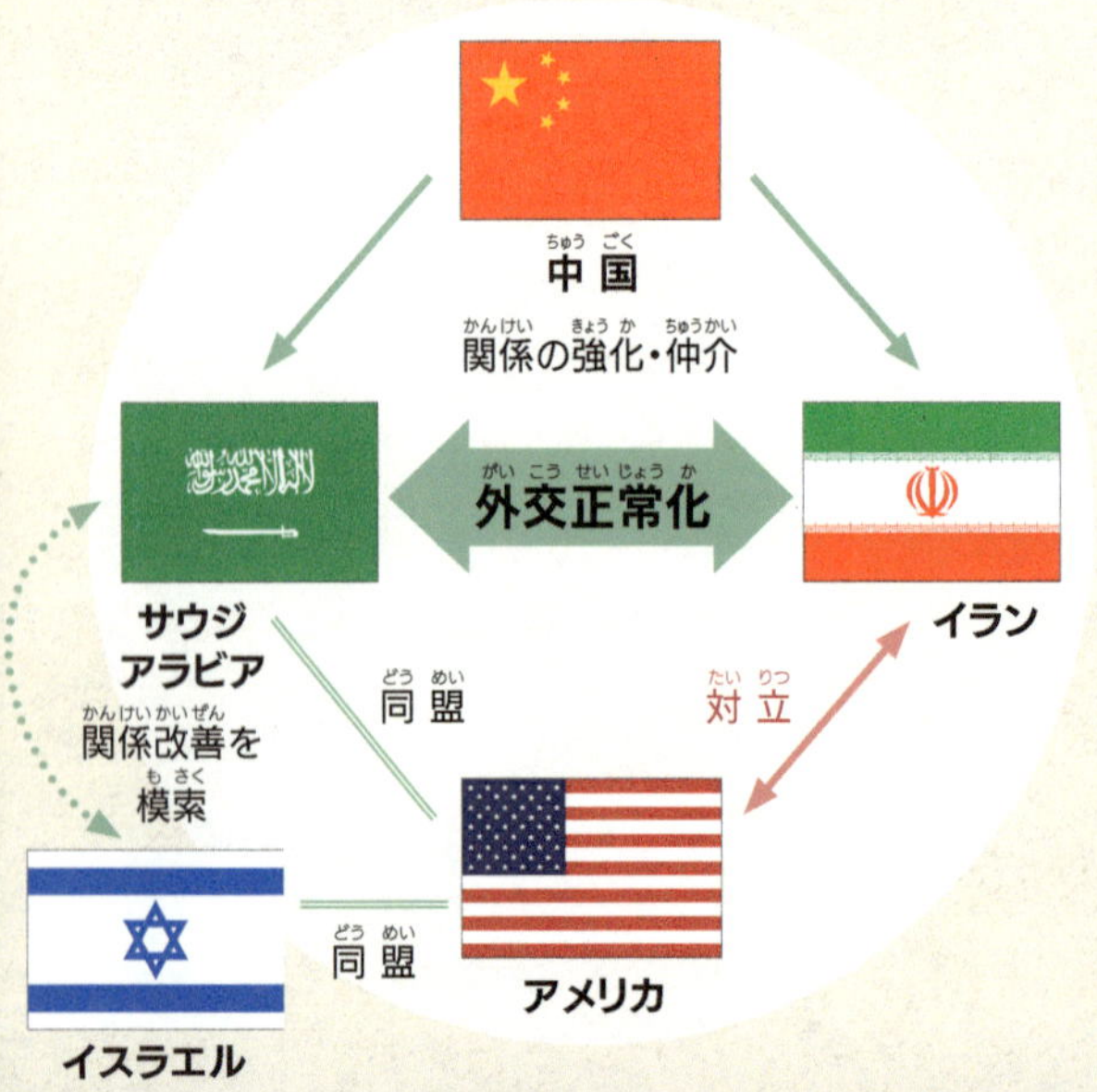
中国《ちゅうごく》
関係《かんけい》の強化《きょうか》・仲介《ちゅうかい》
外交正常化《がいこうせいじょうか》
サウジアラビア
イラン
同盟《どうめい》
対立《たいりつ》
関係改善《かんけいかいぜん》を模索《もさく》
アメリカ
同盟《どうめい》
イスラエル

多《おお》くの石油資源《せきゆしげん》を持《も》つ両国《りょうこく》は長《なが》い間《あいだ》、中東《ちゅうとう》の覇権《はけん》を争《あらそ》ってきたライバルです。その対立《たいりつ》は、イラクやシリア、イエメン、レバノンといった多《おお》くの国《くに》を巻《ま》き込《こ》み、中東諸国《ちゅうとうしょこく》を分断《ぶんだん》させてきました。2016年《ねん》にサウジアラビアでシーア派《は》の指導者《しどうしゃ》が処刑《しょけい》されると、これに怒《おこ》ったイランの人々《ひとびと》がサウジアラビア大使《たいし》館《かん》を襲撃《しゅうげき》。両国《りょうこく》は外交関係《がいこうかんけい》を断《た》ちました。

手《て》をさしのべたのは中国《ちゅうごく》

状況《じょうきょう》が変《か》わったのは2023年《ねん》のこと。中《ちゅう》国《ごく》の仲介《ちゅうかい》によって、両国《りょうこく》が国交《こっこう》を回復《かいふく》したのです。強大《きょうだい》な経済力《けいざいりょく》を背景《はいけい》に中東諸国《ちゅうとうしょこく》と近《ちか》づいていた中国《ちゅうごく》は、政治《せいじ》の面《めん》でも深《ふか》く中東《ちゅうとう》と関《かか》わろうとしているとみられています。

これまで両国《りょうこく》の対立《たいりつ》に巻《ま》き込《こ》まれてきた国々《くにぐに》はこれを歓迎《かんげい》していますが、自国《じこく》抜《ぬ》きで両国《りょうこく》が仲直《なかなお》りしたことにアメリカは驚《おどろ》いたようです。中東《ちゅうとう》でのアメリカの影響力《えいきょうりょく》が低《ひく》くなっていることを象徴《しょうちょう》する出来事《できごと》でした。

単純《たんじゅん》な宗派《しゅうは》の対立《たいりつ》ではない

イスラム教《きょう》のシーア派《は》とスンニ派《は》の争《あらそ》いは、たんに宗派《しゅうは》が違《ちが》うから起《お》きているわけではありません。石油資源《せきゆしげん》が豊富《ほうふ》な地域《ちいき》にシーア派《は》が多《おお》く暮《く》らしているため、宗派《しゅうは》の対立《たいりつ》が生《う》まれやすくなっています。イスラム世界《せかい》では、宗教的《しゅうきょうてき》な対立《たいりつ》ではなく、「この石油《せきゆ》は誰《だれ》のものか」「この土地《とち》は誰《だれ》のものか」という争《あらそ》いが多《おお》いのです。

QUESTION 15

世界《せかい》最小《さいしょう》の国《くに》「バチカン市国《しこく》」の面積《めんせき》はどこと同《おな》じくらい？

① 東京《とうきょう》ディズニーランド

② 東京都港区《とうきょうとみなとく》

③ 東京《とうきょう》23区《く》

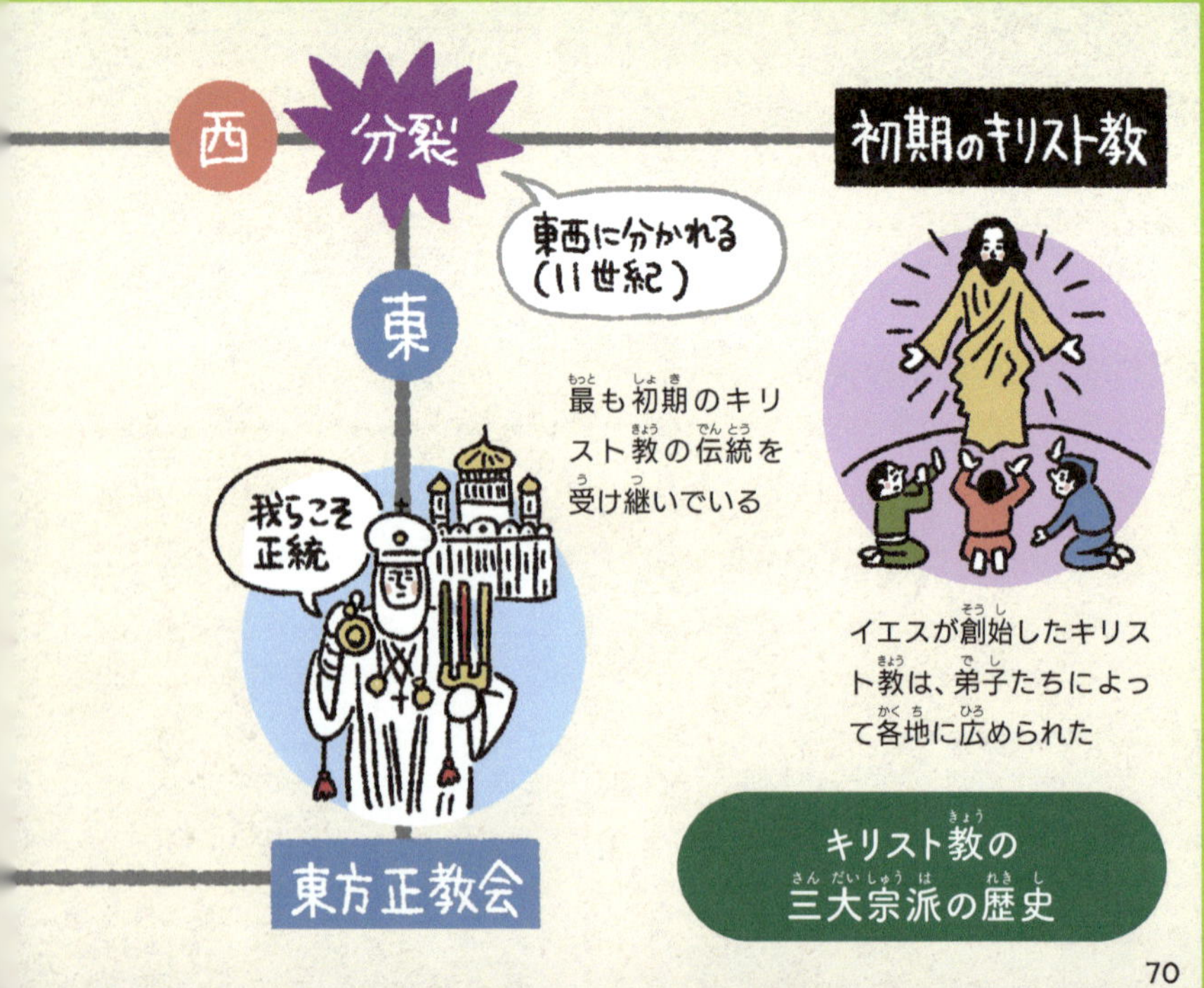

西
分裂
東
東西に分かれる（11世紀）
初期のキリスト教
最《もっと》も初期《しょき》のキリスト教《きょう》の伝統《でんとう》を受《う》け継《つ》いでいる
我らこそ正統
東方正教会
イエスが創始《そうし》したキリスト教《きょう》は、弟子《でし》たちによって各地《かくち》に広《ひろ》められた
キリスト教《きょう》の三大宗派《さんだいしゅうは》の歴史《れきし》

東西《とうざい》に分《わ》かれたキリスト教《きょう》

ユダヤ教《きょう》では、ユダヤ人《じん》だけが選《えら》ばれた民族《みんぞく》で、神《かみ》が最後《さいご》に救《すく》ってくれるのはユダヤ人《じん》だけとされています。1世紀《せいき》、ユダヤ教《きょう》の教《おし》えをもとにしながら、すべての人《ひと》を平等《びょうどう》に扱《あつか》い、「神《かみ》を信《しん》じる者《もの》はみんなが救《すく》われる」と説《と》いたのがキリスト教《きょう》の開祖《かいそ》キリストです。

キリスト教《きょう》は長《なが》く迫害《はくがい》されましたが、392年《ねん》にはローマ帝国《ていこく》の国教《こっきょう》になります。

その後《ご》、ローマ帝国《ていこく》が東西《とうざい》に分裂《ぶんれつ》するとキリスト教《きょう》のなかにも考《かんが》え方《かた》の違《ちが》いが生《う》まれ、カトリックと東方正教会《とうほうせいきょうかい》に分《わ》かれました。東方正教会《とうほうせいきょうかい》はのちに、ロシアでロシア正教会《せいきょうかい》になります。

分裂
カトリック
宗教改革によって分裂（16世紀）
私が神の代理人
プロテスタント
聖書の教えを守る

聖書《せいしょ》の言葉《ことば》を大切《たいせつ》にし、「神《かみ》そのもの」を信仰《しんこう》する

神《かみ》の代理人《だいりにん》である「ローマ教皇《きょうこう》」を通《とお》して神《かみ》を信仰《しんこう》する

A15 NSWER

① 東京《とうきょう》ディズニーランド

ちなみに…

バチカン市国《しこく》の面積《めんせき》は0・44平方《へいほう》キロ。東京《とうきょう》ディズニーランド（0・52平方《へいほう》キロ）よりも小《ちい》さい国《くに》です。日本《にほん》の皇居《こうきょ》（東京都《とうきょうと》）の約《やく》3分《ぶん》の1の大《おお》きさです。

抗議《こうぎ》で生《う》まれたプロテスタント

カトリックからさらに分裂《ぶんれつ》して、16世紀《せいき》に生《う》まれたのがプロテスタントです。その原動力《げんどうりょく》となったのは、ドイツの神学者《しんがくしゃ》マルティン・ルターの宗教改革《しゅうきょうかいかく》でした。

当時《とうじ》、カトリックは資金集《しきんあつ》めのために、どんな罪《つみ》もお金《かね》を出《だ》せば許《ゆる》されるという「贖宥状《しょくゆうじょう》」を発行《はっこう》していました。ルターはこの腐敗《ふはい》したカトリックを批判《ひはん》し、「大切《たいせつ》なのは善行《ぜんこう》

三大宗派《さんだいしゅうは》の違《ちが》い

	カトリック	プロテスタント	東方正教会《とうほうせいきょうかい》
信者数《しんじゃすう》	約《やく》14億人《おくにん》	約《やく》5億人《おくにん》	約《やく》3億人《おくにん》
信者《しんじゃ》の分布《ぶんぷ》	ヨーロッパ西部《せいぶ》に多《おお》い	ヨーロッパ北部《ほくぶ》やアメリカに多《おお》い	ヨーロッパ東部《とうぶ》に多《おお》い
特徴《とくちょう》	教会中心主義《きょうかいちゅうしんしゅぎ》。ローマ教皇《きょうこう》を頂点《ちょうてん》としたピラミッド構造《こうぞう》	聖書中心主義《せいしょちゅうしんしゅぎ》。統一《とういつ》した組織《そしき》を持《も》たず、多《おお》くの宗派《しゅうは》が生《う》まれた	聖書《せいしょ》と聖伝《せいでん》がよりどころ。国《くに》・地域《ちいき》ごとの総主教《そうしゅきょう》が最高指導者《さいこうしどうしゃ》

ではなく、信仰《しんこう》そのものだ」と考《かんが》えました。これをきっかけとして、プロテスタント（抗《こう》議《ぎ》する者《もの》の意味《いみ》）が誕生《たんじょう》したのです。

ローマ教皇《きょうこう》の影響力《えいきょうりょく》

現在《げんざい》、キリスト教徒《きょうと》のうち約《やく》13億人《おくにん》がカトリック、約《やく》5億人《おくにん》がプロテスタントだといわれています。カトリックはローマ教皇《きょうこう》を頂点《ちょうてん》にしたピラミッド型《がた》になっていますが、プロテスタントには教皇《きょうこう》のような存在《そんざい》や、上下関《じょうげかん》係《けい》はありません。

ローマ教皇《きょうこう》はイエスの一番弟子《いちばんでし》だったペテロの後継者《こうけいしゃ》とされ、イタリアのローマのなかにある世界一小《せかいいちちい》さな国《くに》、バチカン市国《しこく》の国家《こっか》元首《げんしゅ》でもあります。

教皇《きょうこう》は、キリスト教《きょう》の世界《せかい》で国際政治《こくさいせいじ》を動《うご》かすほどの大《おお》きな影響力《えいきょうりょく》を持《も》っています。アメリカが2015年《ねん》に長《なが》らく関係《かんけい》が絶《た》たれていたキューバと国交《こっこう》を回復《かいふく》できたのも、教皇《きょうこう》が間《あいだ》に入《はい》ったからだといわれています。

プロテスタントがつくったアメリカ

アメリカは、迫害《はくがい》から逃《のが》れるためにヨーロッパから移《うつ》り住《す》んだプロテスタントによって建国《けんこく》されました。カトリックの信者《しんじゃ》も移《うつ》り住《す》みましたが、アメリカでは少《しょう》数派《すうは》。1961年《ねん》に就任《しゅうにん》したジョン・F《エフ》・ケネディと2021年《ねん》に就《しゅう》任《にん》したジョー・バイデン以外《いがい》の大《だい》統領《とうりょう》は、みんなプロテスタント。2025年《ねん》に就任《しゅうにん》したドナルド・トランプもプロテスタントです。

QUESTION 16

靖国神社《やすくにじんじゃ》は国《くに》のために亡《な》くなったどの時代《じだい》の霊《れい》をまつっている?

① 平安時代以降《へいあんじだいいこう》
② 明治時代以降《めいじじだいいこう》
③ 昭和時代以降《しょうわじだいいこう》

戦争《せんそう》で命《いのち》を落《お》とした人《ひと》をまつる

東京都千代田区《とうきょうとちよだく》にある靖国神社《やすくにじんじゃ》は、国《くに》のために戦争《せんそう》で命《いのち》を落《お》とした人《ひと》などをまつっている神社《じんじゃ》です。日本《にほん》の首相《しゅしょう》や大臣《だいじん》がこの神社《じんじゃ》に参拝《さんぱい》すると、国内外《こくないがい》から大《おお》きな批判《ひはん》が巻《ま》き起《お》こります。いったいなぜでしょうか。

靖国神社《やすくにじんじゃ》が初《はじ》めて設置《せっち》されたのは、明治維新《めいじいしん》の翌年《よくねん》（１８６９年《ねん》）のこと。もとは戊辰戦争《ぼしんせんそう》で戦死《せんし》した官軍《かんぐん》（政府軍《せいふぐん》）の兵士《へいし》をまつる目的《もくてき》でつくられました。その後《ご》、日清《にっしん》・日露《にちろ》戦争《せんそう》、第二次世界大戦《だいにじせかいたいせん》で亡《な》くなった人《ひと》も加《くわ》えられ、いまでは２４６万《まん》６０００人以上《にんいじょう》の霊《れい》がまつられています。

「靖国問題《やすくにもんだい》」って何《なに》？

A 16 NSWER

② 明治時代《めいじじだい》以降《いこう》

ちなみに…

軍人《ぐんじん》や軍《ぐん》の関係者《かんけいしゃ》だけではなく、民間人《みんかんじん》や台《たい》湾《わん》・朝鮮出身者《ちょうせんしゅっしんしゃ》など、明治時代以降《めいじじだいいこう》の日本《にほん》の戦《せん》争《そう》や内戦《ないせん》で亡《な》くなった246万《まん》6000以上《いじょう》の人々《ひとびと》をまつっています。

首相《しゅしょう》の参拝《さんぱい》は憲法違反《けんぽういはん》!?

靖国神社《やすくにじんじゃ》は、第二次世界大戦《だいにじせかいたいせん》までは陸軍《りくぐん》と海軍《かいぐん》が共同《きょうどう》で管理《かんり》する〝特別《とくべつ》な神社《じんじゃ》〟でした。しかし、戦後《せんご》は一般《いっぱん》の神社《じんじゃ》と同《おな》じ扱《あつか》いになっています。

この靖国神社《やすくにじんじゃ》への参拝《さんぱい》が問題《もんだい》になるのは、おもに2つの理由《りゆう》があります。

1つ目《め》は「政教分離《せいきょうぶんり》」です。日本国憲法第《にほんこくけんぽうだい》20条《じょう》では、政府《せいふ》が宗教活動《しゅうきょうかつどう》に関《かか》わることを禁《きん》

靖国神社《やすくにじんじゃ》をめぐるおもな動《うご》き

1869年《ねん》	明治天皇《めいじてんのう》の命《めい》で東京招魂社《とうきょうしょうこんしゃ》として創設《そうせつ》される
1879年《ねん》	靖国神社《やすくにじんじゃ》に改称《かいしょう》される
1975年《ねん》11月《がつ》21日《にち》	昭和天皇《しょうわてんのう》が最後《さいご》の参拝《さんぱい》
1978年《ねん》10月《がつ》17日《にち》	A級戦犯《エーきゅうせんぱん》を合祀《ごうし》
1985年《ねん》8月《がつ》15日《にち》	中曽根康弘首相《なかそねやすひろしゅしょう》が初《はつ》の公式参拝《こうしきさんぱい》
2001年《ねん》8月《がつ》13日《にち》	小泉純一郎首相《こいずみじゅんいちろうしゅしょう》が現職首相《げんしょくしゅしょう》として5年《ねん》ぶりに参拝《さんぱい》
2013年《ねん》12月《がつ》26日《にち》	安倍晋三首相《あべしんぞうしゅしょう》が参拝《さんぱい》。中国《ちゅうごく》・韓国《かんこく》から抗議《こうぎ》を受《う》ける

止《し》しています。

そのため、「首相《しゅしょう》や大臣《だいじん》のような公人《こうじん》が靖《やす》国神社《くにじんじゃ》に参拝《さんぱい》することは宗教活動《しゅうきょうかつどう》にあたるのではないか」と国内《こくない》から批判《ひはん》の声《こえ》が上《あ》がっているのです。

中国《ちゅうごく》や韓国《かんこく》が抗議《こうぎ》する理由《りゆう》

2つ目《め》は「A級戦犯《エーきゅうせんぱん》の合祀《ごうし》」です。第二次《だいにじ》世界大戦後《せかいたいせんご》、米英《べいえい》を中心《ちゅうしん》とする連合軍《れんごうぐん》は「東京裁判《とうきょうさいばん》」を開《ひら》いて日本《にほん》の責任《せきにん》を追及《ついきゅう》しました。A級戦犯《エーきゅうせんぱん》とは、日本《にほん》が戦争《せんそう》を始《はじ》めた責任者《せきにんしゃ》とみなされた軍人《ぐんじん》、政治家《せいじか》などのことです。

このA級戦犯《エーきゅうせんぱん》のうち14人《にん》が、宮司《ぐうじ》の判断《はんだん》で1978（昭和《しょうわ》53）年《ねん》に靖国神社《やすくにじんじゃ》に合祀《ごうし》、つまり戦死者《せんししゃ》と一緒《いっしょ》にまつられたのです。

そのため、中国《ちゅうごく》や韓国《かんこく》が「我々《われわれ》は戦争《せんそう》で日本《にほん》からひどいことをされた。その責任《せきにん》があるA級戦犯《エーきゅうせんぱん》をまつる靖国神社《やすくにじんじゃ》を参拝《さんぱい》するのは、戦争《せんそう》の反省《はんせい》をしていないからではないか」と日本《にほん》に抗議《こうぎ》しているのです。

靖国参拝《やすくにさんぱい》をひかえる近年《きんねん》の首相《しゅしょう》

2000年《ねん》以降《いこう》、靖国神社《やすくにじんじゃ》を参拝《さんぱい》した日本《にほん》の現職《げんしょく》の首相《しゅしょう》は、小泉《こいずみ》純一郎首相《じゅんいちろうしゅしょう》（2001～2006年《ねん》の6回《かい》）と安倍晋三首相《あべしんぞうしゅしょう》（2013年《ねん》の1回《かい》）です。それ以降《いこう》は、参拝《さんぱい》せずに代理人《だいりにん》を通《つう》じて「私費《しひ》（自分《じぶん》のお金《かね》）」で神《かみ》に捧《ささ》げる「玉串料《たまぐしりょう》」を納《おさ》めています。ちなみに、現役《げんえき》の大臣《だいじん》は2020年《ねん》から2024年《ねん》まで、5年連続《ねんれんぞく》で参拝《さんぱい》しています。

QUESTION 17

世界《せかい》で生《い》きるか死《し》ぬかの「絶対的貧困《ぜったいてきひんこん》」で暮《く》らす人《ひと》の数《かず》は?

① 約《やく》600万人《まんにん》

② 6000万人《まんにん》

③ 約《やく》6億人《おくにん》

不平等《ふびょうどう》は今後《こんご》も広《ひろ》がり続《つづ》ける

世界《せかい》がいま抱《かか》えている課題《かだい》の1つが「経済《けいざい》格差《かくさ》（貧富《ひんぷ》の格差《かくさ》）」です。

フランスの経済学者《けいざいがくしゃ》トマ・ピケティなどが運営《うんえい》する世界不平等研究所《せかいふびょうどうけんきゅうじょ》が発表《はっぴょう》した「世界《せかい》不平等《ふびょうどう》レポート2022」によると、世界《せかい》の上位《じょうい》10%の富裕層《ふゆうそう》が持《も》つ資産《しさん》が世界全体《せかいぜんたい》の4分《ぶん》の3以上《いじょう》（75・6%）を占《し》め、さらに上位《じょうい》1%の超富裕層《ちょうふゆうそう》が持《も》つ資産《しさん》は世界全体《せかいぜんたい》の3分《ぶん》の1以上《いじょう》（37・8%）にもなるそうです。

レポートには、「不平等《ふびょうどう》は広《ひろ》がり続《つづ》ける」とも書《か》かれています。世界《せかい》の経済格差《けいざいかくさ》は、今《こん》後《ご》も縮《ちぢ》まりそうにありません。

広《ひろ》がる貧富《ひんぷ》の格差《かくさ》

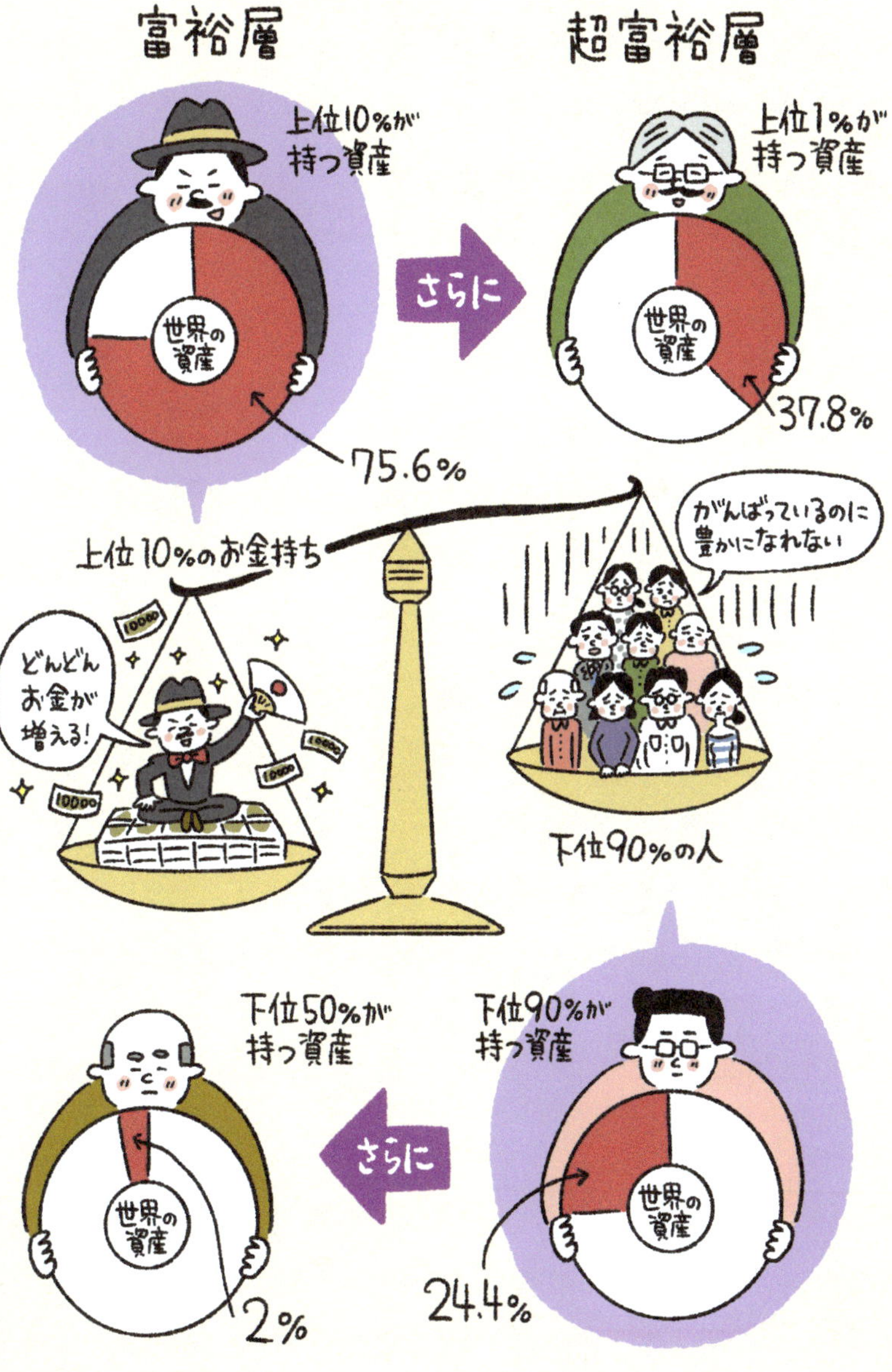
富裕層
上位10%が
持つ資産
世界の資産
75.6%
さらに
超富裕層
上位1%が
持つ資産
世界の資産
37.8%
上位10%のお金持ち
どんどん
お金が
増える!
がんばっているのに
豊かになれない
下位90%の人
下位50%が
持つ資産
世界の資産
2%
さらに
下位90%が
持つ資産
世界の資産
24.4%

A17 NSWER

③ 約《やく》6億《おく》人《にん》

ちなみに…

極度《きょくど》の貧困状態《ひんこんじょうたい》（1日《にち》あたり2・15米《べい》ドル以下《いか》）で暮《く》らしている人《ひと》は約《やく》6億《おく》3000万人《まんにん》。そのうちほぼ半数《はんすう》は18歳未満《さいみまん》の子《こ》どもで、これは6人《にん》に1人《ひとり》の割合《わりあい》です。

「絶対的貧困《ぜったいてきひんこん》」とは？

経済格差《けいざいかくさ》が広《ひろ》がるなかで、目《め》を背《そむ》けてはいけない世界規模《せかいきぼ》の問題《もんだい》が「貧困《ひんこん》」です。世界銀行《せかいぎんこう》の報告書《ほうこくしょ》によると、1日《にち》2・15米《べい》ドル（約《やく》330円《えん》）以下《いか》の「絶対的貧困《ぜったいてきひんこん》」で暮《く》らす人《ひと》は世界《せかい》の人口《じんこう》の約《やく》8％を占《し》めています（2022年末時点《ねんまつじてん》）。絶対的貧困《ぜったいてきひんこん》とは、食《た》べるものにも困《こま》るような「生《い》きるか死《し》ぬか」の貧《まず》しさで、その多《おお》くはサハラ砂漠《さばく》より南《みなみ》のアフ

2種類《しゅるい》の貧困《ひんこん》

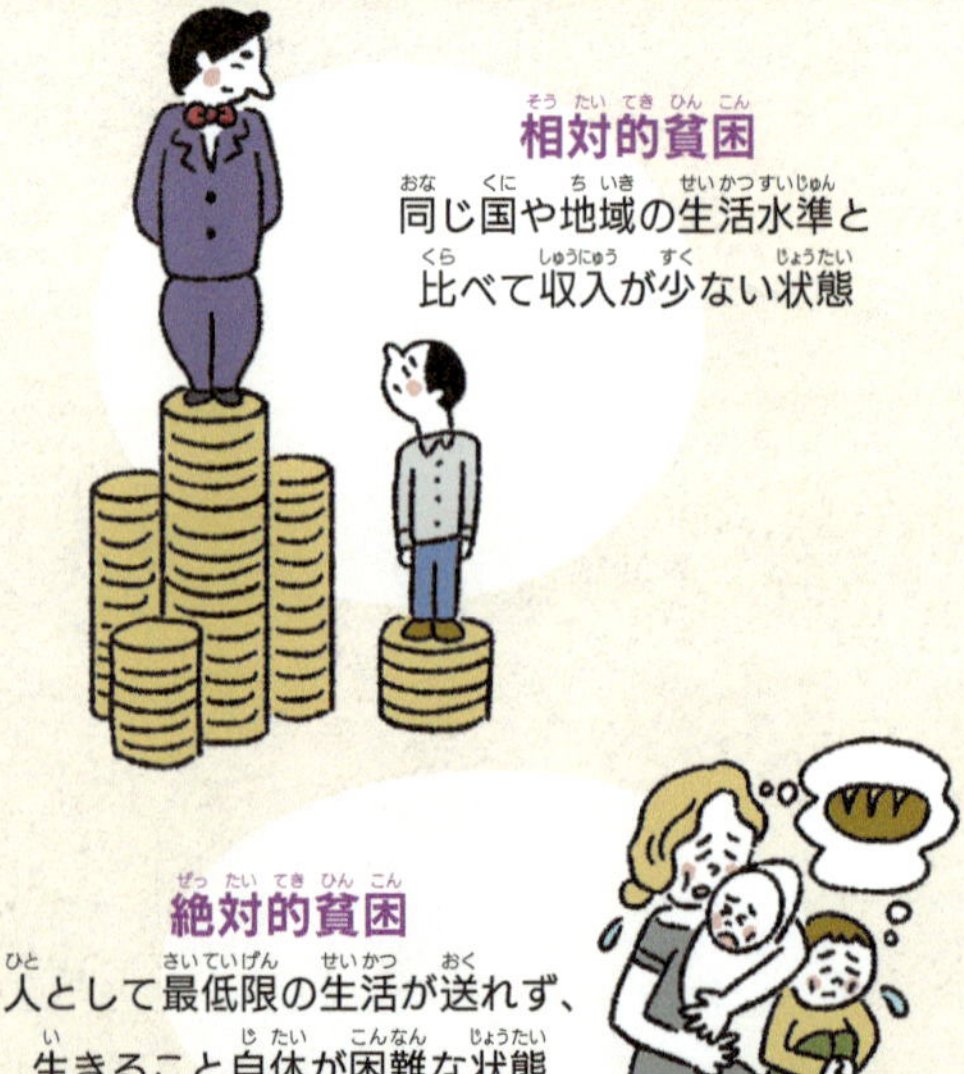
相対的貧困《そうたいてきひんこん》
同《おな》じ国《くに》や地域《ちいき》の生活水準《せいかつすいじゅん》と比《くら》べて収入《しゅうにゅう》が少《すく》ない状態《じょうたい》
絶対的貧困《ぜったいてきひんこん》
人《ひと》として最低限《さいていげん》の生活《せいかつ》が送《おく》れず、生《い》きること自体《じたい》が困難《こんなん》な状態《じょうたい》

リカと南《みなみ》アジアに集中《しゅうちゅう》しています。

日本《にほん》にもある「相対的貧困《そうたいてきひんこん》」

絶対的貧困《ぜったいてきひんこん》は、日本《にほん》のような先進国《せんしんこく》ではほぼみられませんが、日本《にほん》にも貧困《ひんこん》がないわけではありません。それが「相対的貧困《そうたいてきひんこん》」です。

相対的貧困《そうたいてきひんこん》とは、収入《しゅうにゅう》が平均《へいきん》の半分《はんぶん》に満《み》たないことで、日本《にほん》では15％以上《いじょう》の家庭《かてい》が相対《そうたい》的貧困《てきひんこん》だといわれています。

相対的貧困《そうたいてきひんこん》は、飢《う》え死《じ》にしそうなほどのさしせまった状況《じょうきょう》ではありません。しかし、教育《きょういく》や健康《けんこう》、仕事《しごと》、日々《ひび》の楽《たの》しみなど、人生《じんせい》を豊《ゆた》かにするためのさまざまなことをあきらめざるをえなくなってしまうのです。

相対的貧困率《そうたいてきひんこんりつ》の国際比較《こくさいひかく》

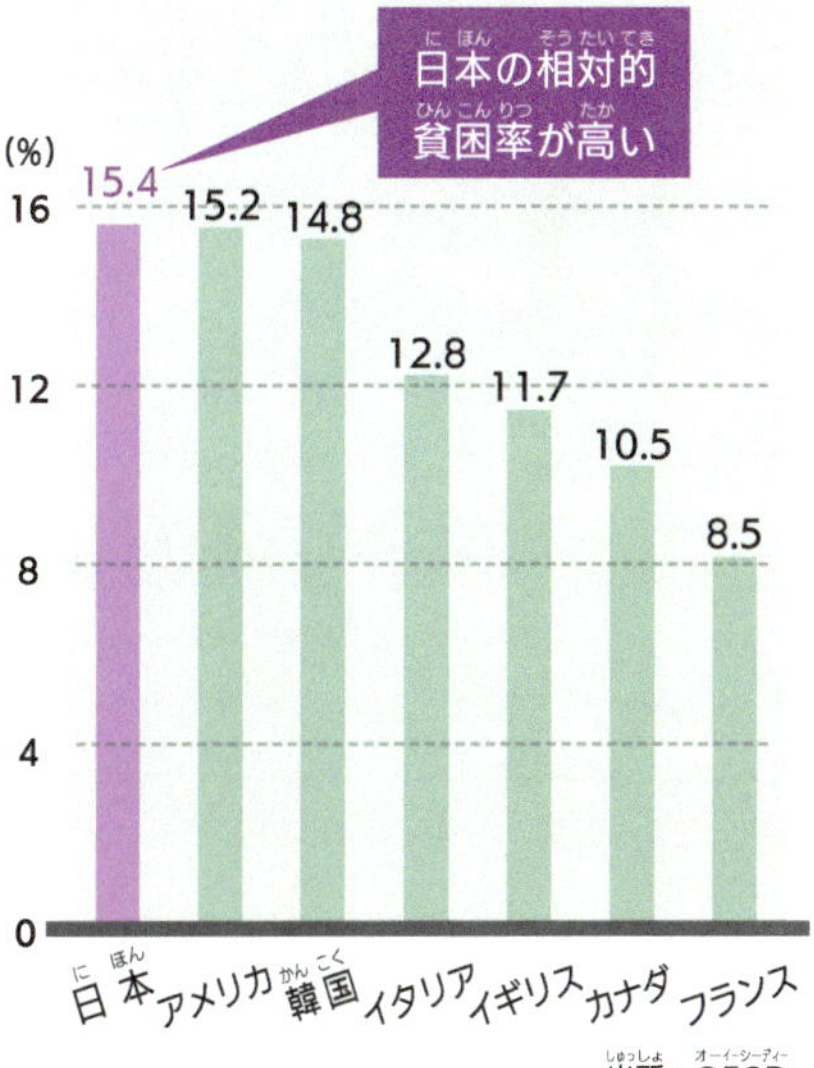
日本《にほん》の相対的《そうたいてき》
貧困率《ひんこんりつ》が高《たか》い
(%)
16
12
8
4
0
15.4
15.2
14.8
12.8
11.7
10.5
8.5
日本《にほん》
アメリカ
韓国《かんこく》
イタリア
イギリス
カナダ
フランス

出所《しゅっしょ》：OECD《オーイーシーディー》

貧困《ひんこん》が生《う》む「負《ふ》の連鎖《れんさ》」

日本《にほん》でも世界《せかい》でも、「子《こ》どもの貧困《ひんこん》」が大《おお》きな問題《もんだい》になっています。貧《まず》しい家《いえ》に生《う》まれた子《こ》どもは十分《じゅうぶん》な教育《きょういく》を受《う》けられません。すると、選《えら》べる仕事《しごと》が少《すく》なくなって十分《じゅうぶん》な収入《しゅうにゅう》を得《え》ることができません。こうして、「貧困《ひんこん》の連鎖《れんさ》」によって親《おや》から子《こ》どもへ貧《まず》しさが受《う》け継《つ》がれてしまうのです。この連鎖《れんさ》を止《と》めるような施策《しさく》を、各《かっ》国《こく》が考《かんが》えていく必要《ひつよう》があります。

QUESTION 18

「みんなのことは、みんなで話《はな》し合《あ》って決《き》める」という主義《しゅぎ》をなんという？

① 独裁主義《どくさいしゅぎ》

② 専制主義《せんせいしゅぎ》

③ 民主主義《みんしゅしゅぎ》

いろいろある政治《せいじ》のかたち

学校《がっこう》などで「日本《にほん》は民主主義《みんしゅしゅぎ》の国《くに》」と習《なら》ったと思《おも》いますが、「民主主義《みんしゅしゅぎ》とは何《なに》？」と聞《き》かれて答《こた》えられるでしょうか。

かんたんにいうと、「国《くに》のあり方《かた》を決《き》める権利《けんり》は国民《こくみん》が持《も》っている」というのが民主主義《みんしゅしゅぎ》です。民主主義《みんしゅしゅぎ》には、国民《こくみん》が直接政治《ちょくせつせいじ》に参加《さんか》する「直接民主制《ちょくせつみんしゅせい》」と、国民《こくみん》が代表者《だいひょうしゃ》を選《えら》び、代表者《だいひょうしゃ》に政治《せいじ》を任《まか》せる「間接民主制《かんせつみんしゅせい》」があります。

民主主義《みんしゅしゅぎ》とよく対比《たいひ》されるのが、個人《こじん》や特定《とくてい》の団体《だんたい》に権力《けんりょく》が集中《しゅうちゅう》した「独裁政治《どくさいせいじ》」、絶対的《ぜったいてき》な権力者《けんりょくしゃ》を頂点《ちょうてん》とした「専制政治《せんせいせいじ》」です。

さまざまな政治《せいじ》のかたち

私にしたがいなさい

独裁者を選んだのは国民であることが多い
個人や少数のグループ、1つの党派が絶対的な権力を持って国民を支配する

支配する側と支配される側が身分などによって区別されている
我々が決めます

支配する側
支配される側

国民が直接、政治に参加する
あの人に代表してもらおう
選挙で代表者を選び、代表者が話し合って決める

A18 ANSWER

③ 民《みん》主《しゅ》主《しゅ》義《ぎ》

ちなみに…

民《みん》主《しゅ》主《しゅ》義《ぎ》は古《こ》代《だい》ギリシャで始《はじ》まり、17～18世《せい》紀《き》にヨーロッパで起《お》こった市《し》民《みん》革《かく》命《めい》を経《へ》て成《せい》立《りつ》しました。政《せい》治《じ》や経《けい》済《ざい》が民《みん》主《しゅ》的《てき》に運《うん》営《えい》されていることが民《みん》主《しゅ》主《しゅ》義《ぎ》の原《げん》則《そく》です。

大《たい》切《せつ》なことはみんなで決《き》める

民《みん》主《しゅ》主《しゅ》義《ぎ》の大《だい》原《げん》則《そく》は、「大《たい》切《せつ》なことはみんなで決《き》める」というものです。これを実《じつ》現《げん》するためにある制《せい》度《ど》の1つが「選《せん》挙《きょ》」です。

独《どく》裁《さい》政《せい》治《じ》の国《くに》にも選《せん》挙《きょ》はありますが、独《どく》裁《さい》者《しゃ》に反《はん》対《たい》する候《こう》補《ほ》者《しゃ》が当《とう》選《せん》できなかったり、候《こう》補《ほ》者《しゃ》みんなが独《どく》裁《さい》者《しゃ》の〝手《て》下《した》〟だったりすることがあります。

しかし、民《みん》主《しゅ》主《しゅ》義《ぎ》の国《くに》は違《ちが》います。どんな

民《みん》主《しゅ》主《しゅ》義《ぎ》指《し》数《すう》ランキング（2024年《ねん》）

順《じゅん》位《い》	国《こく》名《めい》	順《じゅん》位《い》	国《こく》名《めい》
1	ノルウェー	28	アメリカ
2	ニュージーランド	32	韓《かん》国《こく》
3	スウェーデン	145	中《ちゅう》国《ごく》
4	アイスランド	150	ロシア
12	台《たい》湾《わん》	165	北朝鮮《きたちょうせん》
16	日《に》本《ほん》	167	アフガニスタン

出所《しゅっしょ》：エコノミスト・インテリジェンス・ユニット

考《かんが》えの人《ひと》が立候補《りっこうほ》するのも、どの人《ひと》に投票《とうひょう》するのも自由《じゆう》です。選《えら》ばれた人《ひと》を「やっぱりこの人《ひと》は違《ちが》うかな」と思《おも》うなら、次《つぎ》の選挙《せんきょ》でほかの人《ひと》を選《えら》べばいいのです。

日本《にほん》は政治参加《せいじさんか》が足《た》りない

イギリスの経済誌《けいざいし》『エコノミスト』が毎年《まいとし》、167の国《くに》と地域《ちいき》を対象《たいしょう》とした「世界民主主義指数《せかいみんしゅしゅぎしすう》」を発表《はっぴょう》しています。2024年《ねん》のランキングでは、ノルウェー（1位《い》）やスウェーデン（3位《い》）といった北欧《ほくおう》の国《くに》が上位《じょうい》に入《はい》り、中国《ちゅうごく》（145位《い》）やロシア（150位《い》）は下位《かい》に入《はい》っています。日本《にほん》はアメリカ（28位《い》）や韓国《かんこく》（32位《い》）を上回《うわまわ》る16位《い》でした。

日本《にほん》は世界《せかい》のなかでは上位《じょうい》ですが、「政治参加《せいじさんか》」の分野《ぶんや》は低《ひく》い評価《ひょうか》でした。その理由《りゆう》として挙《あ》げられているのが、投票率《とうひょうりつ》の低《ひく》さや女性議員《じょせいぎいん》の少《すく》なさです。民主主義《みんしゅしゅぎ》にとって大事《だいじ》な制度《せいど》である「選挙《せんきょ》」を、日本《にほん》の国民《こくみん》は十分《じゅうぶん》に活用《かつよう》できていないといえるでしょう。

北朝鮮《きたちょうせん》は民主主義国《みんしゅしゅぎこく》!?

国名《こくめい》に「民主主義《みんしゅしゅぎ》」とついていても、実態《じったい》は「独裁《どくさい》」という国《くに》もあります。その代表例《だいひょうれい》が、北朝鮮《きたちょうせん》です。北朝鮮《きたちょうせん》の正式名称《せいしきめいしょう》は「朝鮮民主主義人民共和国《ちょうせんみんしゅしゅぎじんみんきょうわこく》」ですが、金日成《キムイルソン》、金正日《キムジョンイル》、金正恩《キムジョンウン》と3代《だい》にわたって独裁政権《どくさいせいけん》が続《つづ》いている「独裁国家《どくさいこっか》」です。民主的《みんしゅてき》な国家《こっか》ではないので、あえて国名《こくめい》に民主主義《みんしゅしゅぎ》と入《い》れてアピールしているのです。

アメリカはなぜイスラエルを支持《しじ》するの？

アメリカは、中東《ちゅうとう》の国《くに》イスラエルの最大《さいだい》の支援国《しえんこく》です。
遠《とお》く離《はな》れたこの2つの国《くに》には、どのような関係《かんけい》があるのでしょうか。

アメリカ国民《こくみん》の4分《ぶん》の1を占《し》める福音派《ふくいんは》

アメリカには、パレスチナ問題《もんだい》の中心《ちゅうしん》であるイスラエルを支持《しじ》する人《ひと》たちが多《おお》くいます。歴史的《れきしてき》に見《み》ると、ユダヤ人《じん》はキリスト教徒《きょうと》から長《なが》く差別《さべつ》されてきました。なぜキリスト教徒《きょうと》が大多数《だいたすう》のアメリカが、イスラエルを支持《しじ》しているのでしょうか。

そのカギを握《にぎ》るのが、アメリカの人口《じんこう》の4分《ぶん》の1を占《し》める「福音派《ふくいんは》」です。キリスト教《きょう》の一派《いっぱ》である福音派《ふくいんは》は、聖書《せいしょ》に書《か》かれていることがすべて真実《しんじつ》だと信《しん》じています。そのため、「ユダヤ人《じん》であるイエスが復活《ふっかつ》したときのためにユダヤ人《じん》の国《くに》をつくっておこう」と考《かんが》え、イスラエルを熱狂的《ねっきょうてき》に支持《しじ》しているのです。

献金《けんきん》をたくさんして、選挙活動《せんきょかつどう》に熱心《ねっしん》に取《と》り組《く》んでくれる福音派《ふくいんは》は、政治家《せいじか》にとって大事《だいじ》な存在《そんざい》です。

「イスラエル支持《しじ》」で選挙《せんきょ》が有利《ゆうり》になる!?

じつはアメリカには、イスラエルに住《す》んでいるのと同《おな》じくらいの数《かず》のユダヤ系《けい》アメリカ人《じん》が住《す》んでいます。ユダヤ系《けい》アメリカ人《じん》のなかには、金融《きんゆう》やIT《アイティー》、メディアなど、さまざまな業界《ぎょうかい》で“成功者《せいこうしゃ》”となった人《ひと》がたくさんいます。そういう人《ひと》たちは献金《けんきん》をたくさんしてくれます。

つまり、福音派《ふくいんは》やユダヤ系《けい》アメリカ人《じん》を味方《みかた》につければ、選挙活動《せんきょかつどう》が有利《ゆうり》になるということです。民主党《みんしゅとう》のジョー・バイデン前大統領《ぜんだいとうりょう》も共和党《きょうわとう》のドナルド・トランプ大統領《だいとうりょう》も「イスラエルを支援《しえん》する」と表明《ひょうめい》しているのには、このような背景《はいけい》があります。

イスラエルの存在《そんざい》が、アメリカの政治《せいじ》にも大《おお》きな影響《えいきょう》を及《およ》ぼしているのです。

第《だい》4章《しょう》

「国《くに》と国《くに》」のつながり

世界《せかい》には196もの国《くに》が存在《そんざい》しています（日本《にほん》が承認《しょうにん》している国《くに》の数《かず》）。この章《しょう》では、アメリカや台湾《たいわん》、EU《イーユー》、G7《ジーセブン》など、ニュースでよく報《ほう》じられる話題《わだい》を取《と》り上《あ》げます。

QUESTION 19

国連《こくれん》の常任理事国《じょうにんりじこく》ではない国《くに》はどこ？

① ロシア

② アメリカ

③ 日本《にほん》

大戦《たいせん》の反省《はんせい》から生《う》まれた「国連《こくれん》」

人類《じんるい》はこれまで、世界《せかい》の国々《くにぐに》を巻《ま》き込《こ》んだ大戦《たいせん》を二度《にど》経験《けいけん》しました。第二次世界大戦《だいにじせかいたいせん》が終《お》わった1945年《ねん》、戦争《せんそう》で多《おお》くの犠牲《ぎせい》を払《はら》った反省《はんせい》から世界《せかい》の平和《へいわ》と安全《あんぜん》を守《まも》り、国々《くにぐに》の友好《ゆうこう》を深《ふか》めて国際協力《こくさいきょうりょく》を進《すす》めることを目的《もくてき》に、「国連《こくれん》（国際連合《こくさいれんごう》）」がつくられました。日本《にほん》は1956年《ねん》に80番目《ばんめ》の加盟国《かめいこく》となり、現在《げんざい》は世界《せかい》のほとんどの国《くに》（193か国《こく》）が加盟《かめい》しています。

戦争《せんそう》や紛争《ふんそう》、地球環境《ちきゅうかんきょう》など、世界《せかい》で起《お》きるさまざまな問題《もんだい》を解決《かいけつ》しようと、国連《こくれん》は活動《かつどう》しています。

国連《こくれん》のおもな役割《やくわり》

① 国際の平和と安全を維持する
助けて〜〜!!
攻撃するぞ!
侵攻
報告
命令
侵攻するのをやめなさい!
④ 各国の行動を調和させるために中心的な役割を果たす
問題を解決しましょう
国連
協力
援助
仲良くしましょう
③ 国際問題の解決と人権尊重の促進
② 国と国の友好関係を育てる

A19 NSWER

③ 日《に》本《ほん》

ちなみに…

日本《にほん》は2023～24年《ねん》の2年間《ねんかん》、国連《こくれん》の安全保《あんぜんほ》障理事会《しょうりじかい》の非常任理事国《ひじょうにんりじこく》を務《つと》めました（12回目《かいめ》）。日本《にほん》は常任理事国入《じょうにんりじこくい》りをめざしていますが、いまだ実現《じつげん》していません。

「安保理《あんぽり》」の役割《やくわり》は？

国連《こくれん》の大《おお》きな目的《もくてき》の1つに、「平和《へいわ》と安全《あんぜん》の維持《いじ》」があります。それを実現《じつげん》するための機関《きかん》が「安全保障理事会《あんぜんほしょうりじかい》（安保理《あんぽり》）」です。

ある国《くに》が他国《たこく》から侵攻《しんこう》を受《う》けた場合《ばあい》、安保《あんぽ》理《り》は状況《じょうきょう》を調査《ちょうさ》して解決策《かいけつさく》を提案《ていあん》し、問題《もんだい》を起《お》こしている国《くに》に対《たい》して改善《かいぜん》を求《もと》めます。解《かい》決《けつ》しなかったときはその国《くに》に経済制裁《けいざいせいさい》を実施《じっし》し、それでも解決《かいけつ》しない場合《ばあい》は国連軍《こくれんぐん》が武力《ぶりょく》

常任理事国《じょうにんりじこく》の拒否権《きょひけん》とは？

常任理事国(5か国)
アメリカ
イギリス
フランス
ロシア
中国
うちの国は反対だ!
拒否権
1か国でも反対すると…
採択できない!

によってやめさせることができます。

批判《ひはん》が高《たか》まっている事情《じじょう》

安保理《あんぽり》はアメリカ、イギリス、フランス、ロシア、中国《ちゅうごく》の5か国からなる常任理事国《じょうにんりじこく》と、10か国《こく》の非常任理事国《ひじょうにんりじこく》で構成《こうせい》されています。非常任理事国《ひじょうにんりじこく》は2年《ねん》の任期《にんき》で、国連《こくれん》に加盟《かめい》している常任理事国《じょうにんりじこく》以外《いがい》の国《くに》が交代《こうたい》で務《つと》めます。

安保理《あんぽり》の決議《けつぎ》は、15か国《こく》のうち9か国《こく》が賛《さん》成《せい》したときに採択《さいたく》されます。ただし、常任理《じょうにんり》事国《じこく》のうち1か国《こく》でも反対《はんたい》（拒否権《きょひけん》の行使《こうし》）をすると、否決《ひけつ》されてしまいます。

近年《きんねん》、ロシアや中国《ちゅうごく》が拒否権《きょひけん》を使《つか》うケースが目立《めだ》つようになっています。ロシアによるウクライナ侵攻《しんこう》のときも、安保理《あんぽり》で「ロシアは戦争《せんそう》をやめなさい」という決議案《けつぎあん》が出《だ》されたものの、ロシアが反対《はんたい》したため採択《さいたく》されなかったのです。平和《へいわ》と安全《あんぜん》を実現《じつげん》する重要《じゅうよう》な役割《やくわり》を持《も》っている安保理《あんぽり》が「きちんと機能《きのう》していない」という批判《ひはん》が高《たか》まっています。

常任理事国《じょうにんりじこく》に特別《とくべつ》な権限《けんげん》がある理由《りゆう》

第二次世界大戦《だいにじせかいたいせん》では、日本《にほん》やドイツ、イタリアなどの「枢軸国《すうじくこく》」と、アメリカ、ソ連《れん》、イギリス、フランス、中華民国《ちゅうかみんこく》の「連合国《れんごうこく》」が戦《たたか》いました。この戦争《せんそう》で勝者《しょうしゃ》となった5つの連合国《れんごうこく》が中心《ちゅうしん》となってつくった組織《そしき》が「国連《こくれん》」です。拒否権《きょひけん》のような特別《とくべつ》な権限《けんげん》が常任理事国《じょうにんりじこく》に与《あた》えられているのは、こうした背景《はいけい》があるからです。

QUESTION 20

台《たい》湾《れん》を「国《くに》」として認《みと》めている国《くに》の数《かず》は？

① 12か国《こく》

② 31か国《こく》

③ 83か国《こく》

台湾とは民間交流できずなを深めます
中国が台湾に侵攻したら、軍事的に対応する
日本
民間交流
（1972年に国交は断絶）
支援
アメリカ

台《たい》湾《わん》をめぐる情《じょう》勢《せい》

台湾《たいわん》に逃《に》げ込《こ》んだ国民党《こくみんとう》

近年《きんねん》めざましい発展《はってん》を遂《と》げている「台湾《たいわん》」は、中国本土《ちゅうごくほんど》の南東《なんとう》に浮《う》かぶ九州《きゅうしゅう》とほぼ同《おな》じ大《おお》きさの島《しま》です。台湾《たいわん》はみずから「中華民《ちゅうかみん》国《こく》」を名乗《なの》っていますが、これはもともと中《ちゅう》国《ごく》にあった国《くに》の名称《めいしょう》です。

第二次世界大戦《だいにじせかいたいせん》が終《お》わり、中国《ちゅうごく》にいた軍《ぐん》を日本《にほん》が引《ひ》き揚《あ》げると、中国大陸《ちゅうごくたいりく》では中華民国《ちゅうかみんこく》を支配《しはい》する国民党《こくみんとう》と、国民党《こくみんとう》に反対《はんたい》する共産《きょうさん》党《とう》の間《あいだ》で戦争《せんそう》が起《お》きました。大陸《たいりく》では、内戦《ないせん》に勝利《しょうり》した共産党《きょうさんとう》が1949年《ねん》に中華人民共《ちゅうかじんみんきょう》和国《わこく》を建国《けんこく》。戦《たたか》いに敗《やぶ》れた国民党《こくみんとう》は、海《うみ》を渡《わた》って台湾《たいわん》に逃《に》げ込《こ》みます。

台湾は中国の一部だ!
台湾と国交を持つ国は制裁するぞ
国交(1972年に国交正常化)
中国
台湾は主権国家だ!
中国は台湾を取り囲んで軍事演習をしている
台湾
軍事演習区域

A20 NSWER

① 12か国《こく》

ちなみに…

正式《せいしき》な外交関係《がいこうかんけい》を持《も》つ国《くに》は、中南米《ちゅうなんべい》や太平洋島《たいへいようとう》しょ国《こく》の12か国《こく》。中国《ちゅうごく》は台湾《たいわん》の孤立《こりつ》を狙《ねら》って、台湾《たいわん》の友好国《ゆうこうこく》に対《たい》して経済支援《けいざいしえん》などと引《ひ》き換《か》えに断交《だんこう》を働《はたら》きかけています。

台湾《たいわん》は「中国《ちゅうごく》の一部《いちぶ》」!?

こうして、大陸《たいりく》に中華人民共和国《ちゅうかじんみんきょうわこく》（中国《ちゅうごく》）、台湾《たいわん》に中華民国《ちゅうかみんこく》という「2つの中国《ちゅうごく》」が存在《そんざい》することになったのです。

現在《げんざい》、中国《ちゅうごく》は台湾《たいわん》を国《くに》として認《みと》めず「中国《ちゅうごく》の一部《いちぶ》だ」と言《い》っています。しかし、台湾《たいわん》には「1つの国《くに》だ」と言《い》っている人《ひと》も多《おお》く、自分《じぶん》たちを中国《ちゅうごく》の一部《いちぶ》と考《かんが》えている人《ひと》はあまりいません。実際《じっさい》、台湾《たいわん》には政府機関《せいふきかん》があり、

台湾人《たいわんじん》の意識調査《いしきちょうさ》

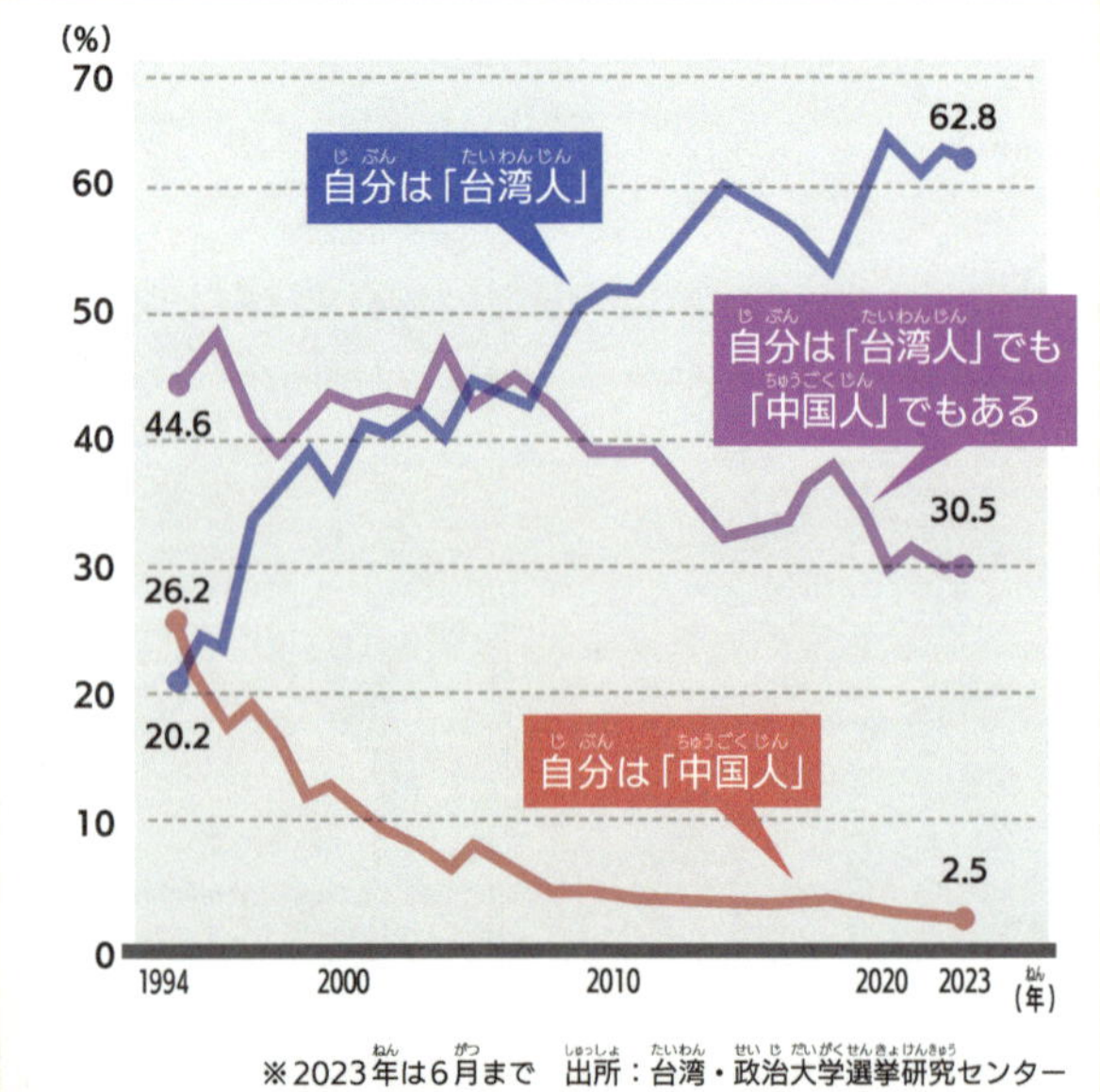

(%)
70
60
50
40
30
20
10
0
1994
2000
2010
2020
2023
(年《ねん》)
62.8
自分《じぶん》は「台湾人《たいわんじん》」
自分《じぶん》は「台湾人《たいわんじん》」でも「中国人《ちゅうごくじん》」でもある
44.6
30.5
26.2
20.2
自分《じぶん》は「中国人《ちゅうごくじん》」
2.5

※2023年《ねん》は6月《がつ》まで　出所《しゅっしょ》：台湾《たいわん》・政治大学選挙研究《せいじだいがくせんきょけんきゅう》センター

独自《どくじ》の通貨《つうか》もあります。

それにもかかわらず、世界《せかい》で台湾《たいわん》のことを国《くに》として認《みと》めているのは12か国《こく》だけ。日本《にほん》も台湾《たいわん》を国《くに》としては認《みと》めていません。

それは、中国《ちゅうごく》が国際社会《こくさいしゃかい》に向《む》けて「自分《じぶん》たちが正当《せいとう》な政府《せいふ》だ」とアピールし続《つづ》け、世界《せかい》の国々《くにぐに》と外交関係《がいこうかんけい》を結《むす》ぶようになったからです。

緊迫《きんぱく》する中台関係《ちゅうたいかんけい》

2013年《ねん》に中国《ちゅうごく》で習近平《しゅうきんぺい》政権《せいけん》が誕生《たんじょう》してから、中国《ちゅうごく》では台湾《たいわん》を取《と》り込《こ》もうとする動《うご》きが強《つよ》まっています。台湾《たいわん》と国交《こっこう》がある国《くに》に「援助《えんじょ》をするので、台湾《たいわん》とは関《かか》わらずに中国《ちゅうごく》と国交《こっこう》を結《むす》びましょう」と働《はたら》きかけ、多《おお》くの国《くに》が台湾《たいわん》との国交《こっこう》を断《た》ちました。

習近平《しゅうきんぺい》は「武力《ぶりょく》を使《つか》ってでも台湾《たいわん》を統一《とういつ》することもありうる」とはっきり言《い》っており、台湾周辺《たいわんしゅうへん》で大規模《だいきぼ》な軍事演習《ぐんじえんしゅう》もおこなって台湾《たいわん》に〝おどし〟をかけています。

日本《にほん》にとって無関係《むかんけい》ではない台湾情勢《たいわんじょうせい》

中国《ちゅうごく》が台湾《たいわん》に攻《せ》め込《こ》んだら、台湾《たいわん》は自分《じぶん》たちだけでは中国軍《ちゅうごくぐん》を追《お》い返《かえ》せません。その場合《ばあい》は、台湾《たいわん》の民主化《みんしゅか》を支援《しえん》し続《つづ》けてきたアメリカが軍隊《ぐんたい》を出動《しゅつどう》させることになるでしょう。米軍基地《べいぐんきち》は日本《にほん》にもありますから、日本《にほん》の基地《きち》だって中国《ちゅうごく》から攻撃《こうげき》される可能性《かのうせい》があるのです。日本《にほん》と結《むす》びつきの深《ふか》い両国《りょうこく》の関係《かんけい》がこれ以上悪化《いじょうあっか》しないように、日本《にほん》も働《はたら》きかけていかなければなりません。

QUESTION 21

アメリカ大統領選挙《だいとうりょうせんきょ》の投票日《とうひょうび》が火曜日《かようび》なのはなぜ?

① 投票所《とうひょうじょ》が遠《とお》かったから

② 縁起《えんぎ》がいいから

③ 祝日《しゅくじつ》だから

4年《ねん》ごとにある大統領選《だいとうりょうせん》

2025年《ねん》1月《がつ》、共和党《きょうわとう》のドナルド・トランプが第《だい》47代《だい》アメリカ大統領《だいとうりょう》に就任《しゅうにん》しました。アメリカの大統領《だいとうりょう》は行政府《ぎょうせいふ》の長《ちょう》で、軍《ぐん》の最高司令官《さいこうしれいかん》も兼《か》ねています。大《おお》きな権力《けんりょく》を持《も》ち、世界一《せかいいち》の大国《たいこく》であるアメリカを率《ひき》いる大《だい》統領《とうりょう》は、どのように選《えら》ばれるのでしょうか。

大統領《だいとうりょう》を選《えら》ぶ選挙《せんきょ》は夏季五輪《かきごりん》と同《おな》じ年《とし》、つまり4年《ねん》ごとにおこなわれます。選挙日《せんきょび》は11月《がつ》の第《だい》1月曜日《げつようび》のあとの火曜日《かようび》。これは、150年《ねん》以上前《いじょうまえ》の法律《ほうりつ》で定《さだ》められています。

選挙《せんきょ》は大《おお》きく分《わ》けると、「候補者選《こうほしゃえら》び」と「本選挙《ほんせんきょ》」という2つの段階《だんかい》に分《わ》かれています。

アメリカ大統領《だいとうりょう》が決《き》まるまで

新大統領就任
アメリカをふたたび偉大な国に!
11月
本選挙
私に投票を!
民主党
私が大統領にふさわしい!
共和党

各政党《かくせいとう》が候補者《こうほしゃ》を選《えら》ぶ

アメリカ大統領選《だいとうりょうせん》は長《なが》い戦《たたか》いです。たとえば、トランプが出馬《しゅつば》を表明《ひょうめい》したのは、じつに選挙《せんきょ》の2年前《ねんまえ》のことでした。

まず「候補者選《こうほしゃえら》び」では、二大政党《にだいせいとう》である共和党《きょうわとう》と民主党《みんしゅとう》がそれぞれ大統領候補《だいとうりょうこうほ》を選《えら》びます。立候補者《りっこうほしゃ》は支持者《しじしゃ》の集会《しゅうかい》や記者会見《きしゃかいけん》を開《ひら》き、出馬《しゅつば》を表明《ひょうめい》。候補者《こうほしゃ》は全米《ぜんべい》で州《しゅう》ごとにおこなわれる予備選挙《よびせんきょ》や党員集会《とういんしゅうかい》で支持《しじ》を得《え》

アメリカ大統領《だいとうりょう》とは?

役割《やくわり》
国家元首《こっかげんしゅ》
行政府《ぎょうせいふ》の最高責任者《さいこうせきにんしゃ》
軍《ぐん》の最高司令官《さいこうしれいかん》
大統領の権力は絶大!
任期《にんき》
1期《き》4年《ねん》(最大《さいだい》2期《き》つくことができる)
候補者《こうほしゃ》の条件《じょうけん》
①アメリカ生《う》まれ
②35歳以上《さいいじょう》
③14年以上《ねんいじょう》の国内居住《こくないきょじゅう》

ANSWER 21

① 投票所《とうひょうじょ》が遠《とお》かったから

ちなみに…

150年以上前《ねんいじょうまえ》に大統領選《だいとうりょうせん》が始《はじ》まった当時《とうじ》、キリスト教国《きょうこく》なので教会《きょうかい》に行《い》く日曜日《にちようび》には投票《とうひょう》できず、交通手段《こうつうしゅだん》が未発達《みはったつ》のため投票所《とうひょうじょ》に行《い》くのに1日《にち》がかりという人《ひと》も多《おお》かったからです。

られるように、選挙戦《せんきょせん》を繰《く》り広《ひろ》げます。その結果《けっか》を受《う》けて各党《かくとう》が全国党大会《ぜんこくとうたいかい》を開《ひら》き、正式《せいしき》に大統領候補《だいとうりょうこうほ》が指名《しめい》されるのです。

選挙人《せんきょにん》の数《かず》が勝者《しょうしゃ》を決《き》める

次《つぎ》におこなわれるのが「本選挙《ほんせんきょ》」です。有権者《ゆうけんしゃ》は各党《かくとう》の候補者《こうほしゃ》に投票《とうひょう》しますが、ここで得票数《とくひょうすう》が多《おお》い候補《こうほ》が大統領《だいとうりょう》になるわけではありません。投票《とうひょう》の結果《けっか》が州《しゅう》ごとに集計《しゅうけい》されて、勝利《しょうり》した候補《こうほ》がその州《しゅう》の「選挙人《せんきょにん》」を獲得《かくとく》します。

選挙人《せんきょにん》は「この候補者《こうほしゃ》に投票《とうひょう》する」と決《き》めた人《ひと》で、合計《ごうけい》538人《にん》います。選挙人《せんきょにん》の人数《にんずう》は均一《きんいつ》ではなく、人口《じんこう》に応《おう》じて各州《かくしゅう》と首都《しゅと》ワシントンに割《わ》り振《ふ》られています。たとえば、人口《じんこう》が最《もっと》も多《おお》いカリフォルニア州《しゅう》は54人《にん》、最《もっと》も少《すく》ないワイオミング州《しゅう》などは3人《にん》です。

この選挙人《せんきょにん》を過半数《かはんすう》の270人《にん》以上獲得《いじょうかくとく》した候補者《こうほしゃ》が、はれてアメリカの大統領《だいとうりょう》になるのです。

アメリカ大統領選《だいとうりょうせん》は直接選挙《ちょくせつせんきょ》？

アメリカ大統領選《だいとうりょうせん》は国民《こくみん》が大統領《だいとうりょう》を直接選《ちょくせつえら》ぶ「直接選挙《ちょくせつせんきょ》」のように思《おも》うかもしれません。しかし、有権者《ゆうけんしゃ》が候補者《こうほしゃ》に直接投票《ちょくせつとうひょう》するのではなく、大統領《だいとうりょう》を選《えら》ぶ「選挙人《せんきょにん》」を選《えら》んで大統領《だいとうりょう》を決《き》めているので「間接選挙《かんせつせんきょ》」です。日本《にほん》の総理大臣《そうりだいじん》も同様《どうよう》に、国民《こくみん》ではなく国民《こくみん》の代表《だいひょう》である国会議員《こっかいぎいん》によって間接的《かんせつてき》に選《えら》ばれています。

QUESTION 22

ユーロ紙幣《しへい》の裏面《うらめん》に描《えが》かれているのは、次《つぎ》のうちどれ?

① 橋《はし》

② 教会《きょうかい》

③ 国王《こくおう》

アメリカがナンバーワンだ!
アメリカ
経済大国に対抗!!
世界経済の中心は中国になる!
中国

EU《イーユー》はなんのために生《う》まれた?

大戦《たいせん》の悲劇《ひげき》を繰《く》り返《かえ》さないために

ヨーロッパは、決《けっ》して広《ひろ》くはない面積《めんせき》のなかに大小《だいしょう》さまざまな国《くに》がひしめき合《あ》う地域《ちいき》。しかも、そのほとんどは陸続《りくつづ》きで隣《とな》り合《あ》っています。そのため、ヨーロッパの国々《くにぐに》は昔《むかし》から領《りょう》土《ど》争《あらそ》いや政治的《せいじてき》な対立《たいりつ》を繰《く》り返《かえ》してきました。

20世紀《せいき》に起《お》きた2つの世界大戦《せかいたいせん》では2500万《まん》もの人々《ひとびと》が命《いのち》を落《お》とし、ヨーロッパ諸国《しょこく》は甚大《じんだい》なダメージを受《う》けてしまいます。

「こんな悲劇《ひげき》を、もう二度《にど》と起《お》こしてはならない」。そう考《かんが》えたヨーロッパの国々《くにぐに》は手《て》を結《むす》び、1993年《ねん》に平和《へいわ》と共存《きょうぞん》・共栄《きょうえい》を目的《もくてき》としたEU《イーユー》（欧州連合《おうしゅうれんごう》）をつくりました。

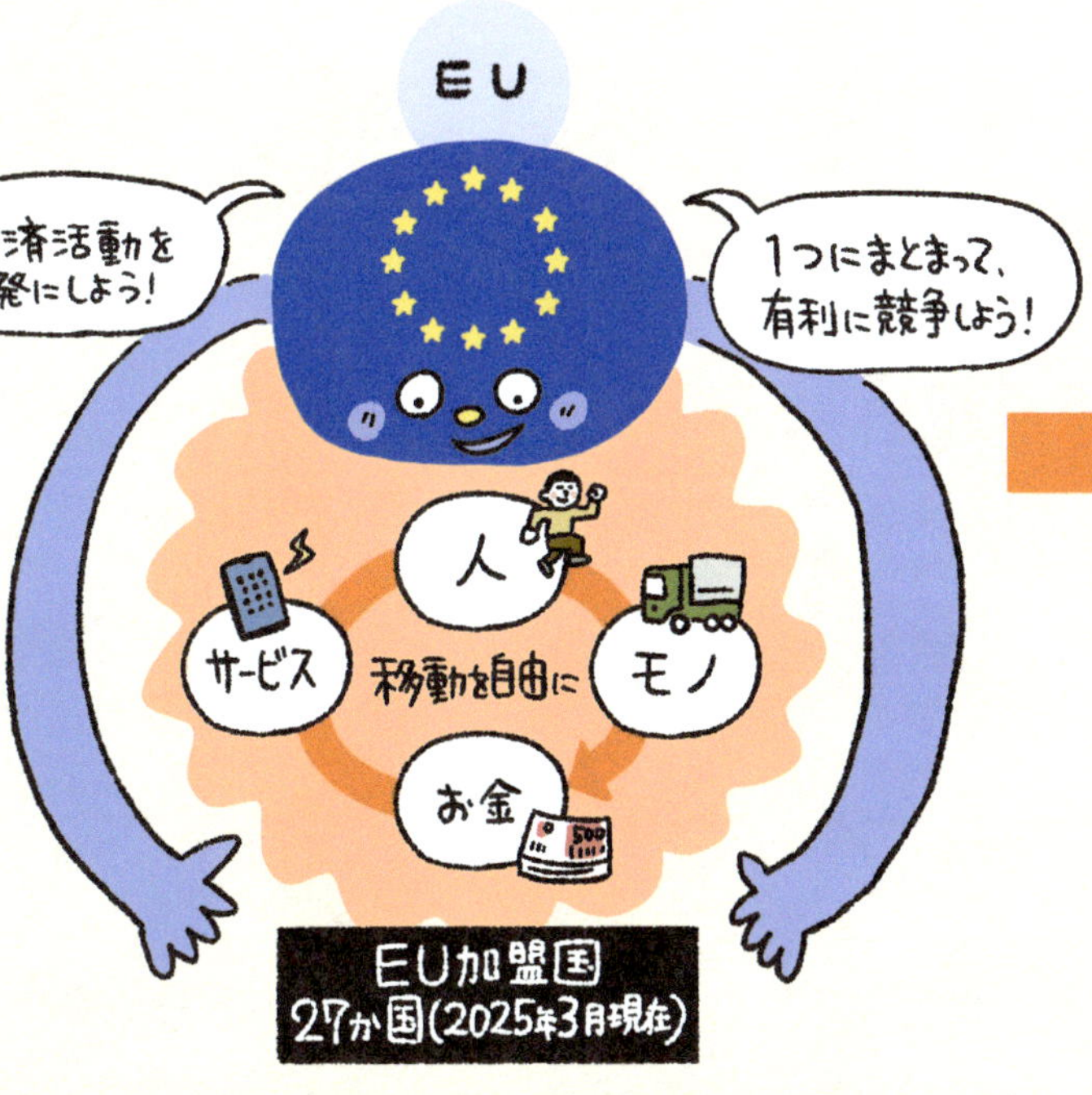
経済活動を
活発にしよう!

A22 ANSWER

① 橋《はし》

まとまれば経済《けいざい》大国《たいこく》と対等《たいとう》に

EU《イーユー》の前身《ぜんしん》は、1967年《ねん》に設立《せつりつ》されたEC《イーシー》（欧州共同体《おうしゅうきょうどうたい》）。当初《とうしょ》は6か国《こく》でしたが、現在《げんざい》の加盟国《かめいこく》は27か国《こく》にまで拡大《かくだい》しています。

EU《イーユー》には、ヨーロッパに巨大《きょだい》な「経済圏《けいざいけん》」をつくることで世界《せかい》の経済競争《けいざいきょうそう》に勝《か》ち抜《ぬ》くというねらいもあります。国《くに》の豊《ゆた》かさを示《しめ》す指標《ひょう》のGDP《ジーディーピー》（国内総生産《こくないそうせいさん》）は、個々《ここ》の国《くに》ではアメリカや中国《ちゅうごく》に到底《とうてい》かないませんが、EU《イーユー》と

移民に仕事が奪われる!
テロが心配!
EUのルールにしばられたくない
EUのルールどおり移民を受け入れよ!
イギリス
お金
モノ
サービス
人
EU

イギリスは何《なに》が不満《ふまん》だった？

ちなみに…

裏《うら》に描《えが》かれた橋《はし》の絵《え》は、欧州《おうしゅう》の人々同士《ひとびとどうし》、欧州《おうしゅう》とそのほかの世界《せかい》の結《むす》びつきを表《あらわ》しています。さまざまな人種《じんしゅ》・民族《みんぞく》の人々《ひとびと》が使《つか》うため、特定《とくてい》の人物《じんぶつ》の肖像《しょうぞう》は使《つか》われていません。

して1つにまとまれば太刀《たち》打《う》ちできます。

EU《イーユー》では、経済《けいざい》を一体化《いったいか》させるために、統《とう》一通貨《いっつうか》である「ユーロ」を2002年《ねん》に導入《どうにゅう》しました（現在《げんざい》は20か国《こく》が導入《どうにゅう》）。通貨《つうか》が同《おな》じであれば、国《くに》を移動《いどう》しても両替《りょうがえ》は不要《ふよう》です。加盟国同士《かめいこくどうし》の関税《かんぜい》もなくなり、物流《ぶつりゅう》の流通《りゅうつう》も盛《さか》んになります。

イギリスのEU《イーユー》離脱《りだつ》

うまく機能《きのう》しているかのように思《おも》われたE《イー》U《ユー》ですが、ほころびも出《で》てきています。EU《イーユー》内《ない》で人《ひと》の行《い》き来《き》が自由《じゆう》なため、東《ひがし》ヨーロッパから経済的《けいざいてき》に豊《ゆた》かな西《にし》ヨーロッパに大量《たいりょう》の移《い》民《みん》（112ページ）が押《お》し寄《よ》せたのです。

とくに出稼《でかせ》ぎ目的《もくてき》で多《おお》くのポーランド人《じん》が流入《りゅうにゅう》したイギリスでは、「低賃金《ていちんぎん》で働《はたら》く人《ひと》に仕事《しごと》が奪《うば》われる」などと国民《こくみん》から不満《ふまん》が続《ぞく》出《しゅつ》。国民投票《こくみんとうひょう》の結果《けっか》、EU《イーユー》から離脱《りだつ》することが決定《けってい》し、2020年《ねん》にEU《イーユー》を抜《ぬ》けています。

世代《せだい》で違《ちが》うEU《イーユー》離脱《りだつ》の意識《いしき》

2016年《ねん》におこなわれたイギリスの「EU《イーユー》離脱《りだつ》」の是非《ぜひ》を問《と》う国民投《こくみんとう》票《ひょう》では、「離脱《りだつ》する」が51.9%とわずかな差《さ》で離脱《りだつ》が決《き》まりました。投票《とうひょう》では高齢者《こうれいしゃ》を中心《ちゅうしん》に賛成票《さんせいひょう》が集《あつ》まりましたが、若《わか》い人《ひと》の多《おお》くは「EU《イーユー》残留《ざんりゅう》」を支持《しじ》しました。「生《う》まれたときからEU《イーユー》の一員《いちいん》だから」という人《ひと》も多《おお》いからでしょう。世代《せだい》によって意識《いしき》の違《ちが》いは大《おお》きいようです。

QUESTION 23

アメリカ以《い》外《がい》で米《べい》軍《ぐん》基《き》地《ち》が最《もっと》も多《おお》い国《くに》は?

①日《に》本《ほん》

②韓《かん》国《こく》

③ドイツ

アメリカは世界一《せかいいち》の軍事大国《ぐんじたいこく》

アメリカは世界一《せかいいち》の軍事力《ぐんじりょく》を誇《ほこ》る国《くに》です。ストックホルム国際平和研究所《こくさいへいわけんきゅうじょ》によると、その軍事費《ぐんじひ》は9160億《おく》ドルで、中国《ちゅうごく》(推定《すいてい》2960億《おく》ドル)の3倍以上《ばいいじょう》。1国《こく》で世界《せかい》の軍《ぐん》事費《じひ》の4割近《わりちか》くを占《し》めています(2023年《ねん》)。

アメリカの軍隊《ぐんたい》がほかの国《くに》と大《おお》きく違《ちが》うのは、世界《せかい》を米軍基地《べいぐんきち》の網《あみ》の目《め》でおおって展《てん》開《かい》・駐留《ちゅうりゅう》していること。世界《せかい》を6つに分割《ぶんかつ》し、北方軍《ほっぽうぐん》(北米《ほくべい》)、南方軍《なんぽうぐん》(中南米《ちゅうなんべい》など)、インド・太平洋軍《たいへいようぐん》(アジア・太平洋《たいへいよう》)、中央軍《ちゅうおうぐん》(中東《ちゅうとう》)、欧州軍《おうしゅうぐん》(ヨーロッパ)、アフリカ軍《ぐん》(アフリカ)と呼《よ》ばれる軍隊《ぐんたい》を配置《はいち》しています。

世界《せかい》に展開《てんかい》する米軍《べいぐん》

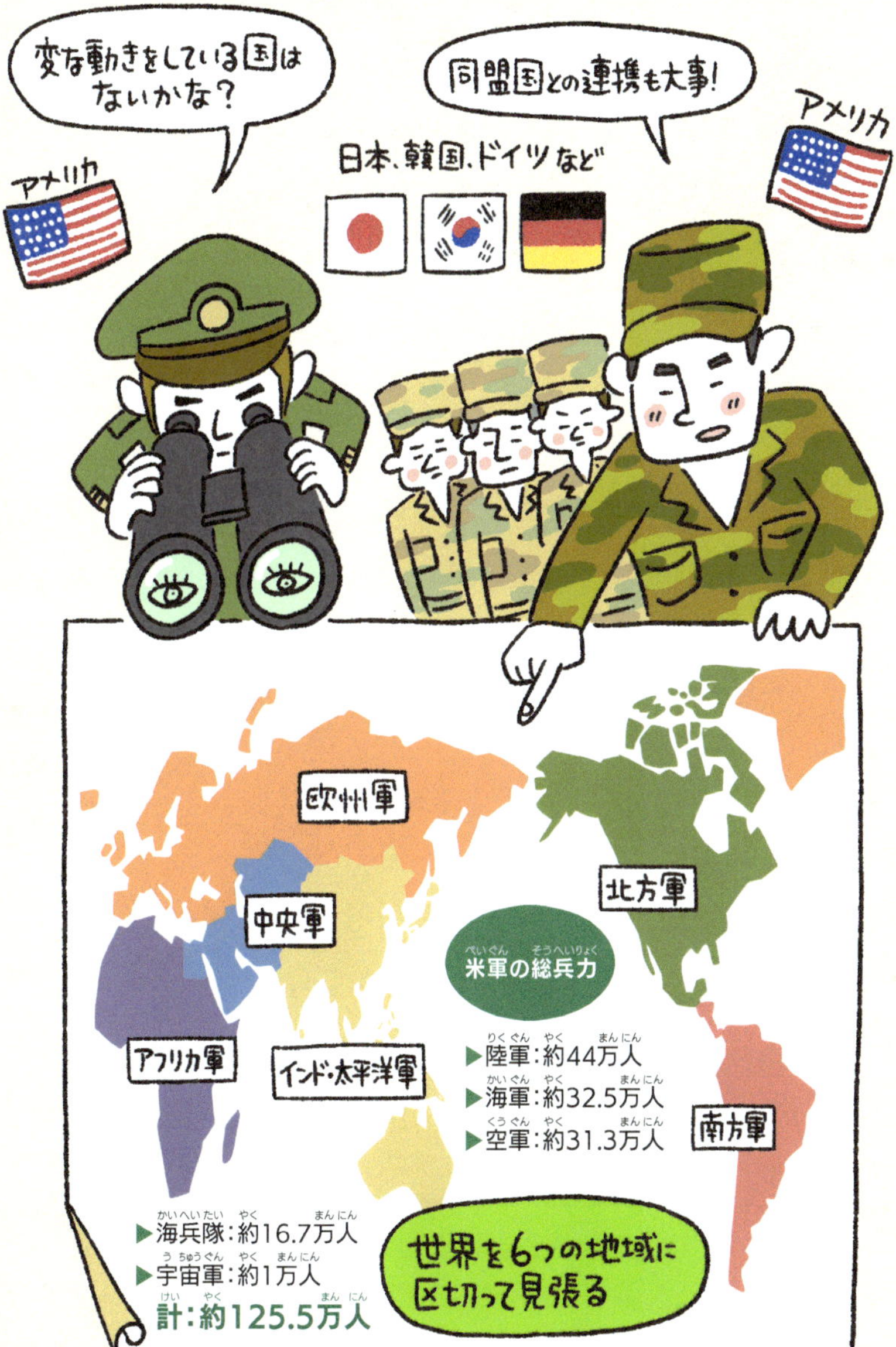

A23
ANSWER

① 日本《にほん》

ちなみに…

日本《にほん》は近年《きんねん》、ドイツを抜《ぬ》いて米軍基地《べいぐんきち》を最《もっと》も多《おお》く受《う》け入《い》れているアメリカの同盟国《どうめいこく》となりました。日本《にほん》にある米軍専用施設《べいぐんせんようしせつ》の約《やく》70％が沖縄県《おきなわけん》に集中《しゅうちゅう》しています。

日本《にほん》の基地《きち》が重要《じゅうよう》な理由《りゆう》

アメリカが世界中《せかいじゅう》に基地《きち》を置《お》いているのは、世界中《せかいじゅう》に監視《かんし》の目《め》を光《ひか》らせ、同盟国《どうめいこく》や関係《けいかん》が深《ふか》い国《くに》と協力《きょうりょく》して、世界《せかい》の平和《へいわ》や秩序《ちつじょ》を守《まも》ろうと考《かんが》えてきたからです。

米軍《べいぐん》が本土《ほんど》以外《いがい》で多《おお》くの軍事力《ぐんじりょく》を集《あつ》めているのがインド・太平洋軍《たいへいようぐん》です。ここには、在日米軍《ざいにちべいぐん》や在韓米軍《ざいかんべいぐん》などが存在《そんざい》しています。

なかでも、世界《せかい》で最《もっと》も多《おお》くの米軍基地《べいぐんきち》・米《べい》

日本《にほん》の基地《きち》が重要《じゅうよう》なのはなぜ？

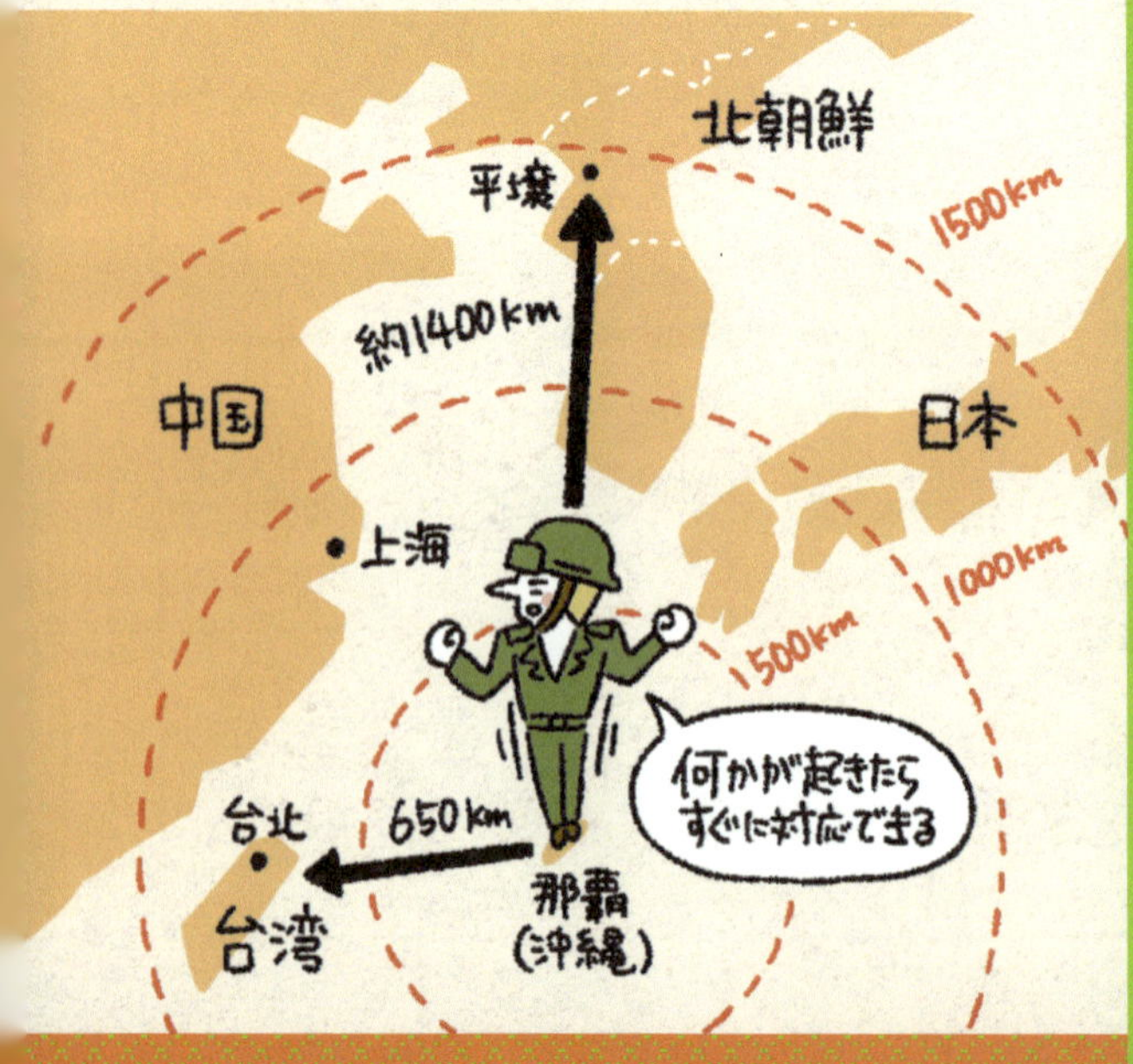
北朝鮮
平壌
1500km
約1400km
中国
日本
1000km
上海
500km
何かが起きたら
すぐに対応できる
650km
台北
台湾
那覇
(沖縄)

軍拠点《ぐんきょてん》が置《お》かれているのが日本《にほん》です。日本《にほん》はロシアや中国《ちゅうごく》、北朝鮮《きたちょうせん》など日本海《にほんかい》をはさんで大陸側《たいりくがわ》と向《む》き合《あ》う位置《いち》にあり、インド・太平洋地域《たいへいようちいき》を安定《あんてい》させるための重要《じゅうよう》な〝かなめ〟となっています。

アメリカと日本《にほん》の「約束《やくそく》」

日本《にほん》は第二次世界大戦後《だいにじせかいたいせんご》の1951（昭和《しょうわ》26）年《ねん》に結《むす》ばれたサンフランシスコ講和条約《こうわじょうやく》によって連合軍《れんごうぐん》からの占領《せんりょう》を解《と》かれ、独立国《どくりつこく》となります。米軍《べいぐん》は日本《にほん》に駐留《ちゅうりゅう》できなくなりましたが、アジアの拠点《きょてん》として日本《にほん》に基地《きち》を置《お》きたかったアメリカは、「日米安全保障条約《にちべいあんぜんほしょうじょうやく》（日米安保条約《にちべいあんぽじょうやく》）」を結《むす》んで、米軍基地《べいぐんきち》が日本《にほん》に引《ひ》き続《つづ》き置《お》かれることになりました。

日本《にほん》は大戦《たいせん》の反省《はんせい》から「二度《にど》と戦争《せんそう》をしない」とちかいましたが、どこかの国《くに》が攻《せ》めてきたらたいへんです。そこで、この条約《じょうやく》によって、「日本《にほん》が攻撃《こうげき》されたら、アメリカも一緒《いっしょ》に守《まも》る」という約束《やくそく》をしています。

沖縄《おきなわ》の基地《きち》問題《もんだい》について考《かんが》えよう

沖縄県《おきなわけん》には、日本《にほん》にある米軍施設《べいぐんしせつ》の全面積《ぜんめんせき》の7割《わり》以上《いじょう》が集中《しゅうちゅう》しています。もしアメリカがどこかと戦《たたか》う事態《じたい》になったら、沖縄《おきなわ》もいやおうなく戦争《せんそう》に巻《ま》き込《こ》まれてしまうでしょう。沖縄《おきなわ》は米軍基地《べいぐんきち》を抱《かか》え、さまざまな不利益《ふりえき》を受《う》けています。どこに住《す》んでいても、沖縄基地《おきなわきち》の問題《もんだい》を自分事《じぶんごと》として考《かんが》えてみることが大切《たいせつ》です。

QUESTION 24

毎年《まいとし》、主要国《しゅようこく》のトップが集《あつ》まって話《はな》し合《あ》う会議《かいぎ》をなんという？

① サミット

② ピーク

③ ダボス会議《かいぎ》

先《せん》進《しん》国《こく》の首《しゅ》脳《のう》が集《あつ》まる会《かい》議《ぎ》

「G7《ジーセブン》」という言葉《ことば》を聞《き》いたことがあると思《おも》います。これは「グループ・オブ・セブン」の略《りゃく》で、フランス、アメリカ、イギリス、ドイツ、日本《にほん》、イタリア、カナダの7か国《こく》を指《さ》します。毎年《まいとし》、G7《ジーセブン》の大統領《だいとうりょう》や首相《しゅしょう》が集《あつ》まって、「主要国首脳会議《しゅようこくしゅのうかいぎ》」が開《ひら》かれています。

この会議《かいぎ》が初《はじ》めて開《ひら》かれたのは1975年《ねん》のこと。オイルショック（第《だい》1次石油危機《じせきゆきき》）のあとに起《お》きた世界不況《せかいふきょう》のなか、世界経済《せかいけいざい》について話《はな》し合《あ》う場《ば》として始《はじ》まりました。77年《ねん》からは、EC《イーシー》（欧州共同体《おうしゅうきょうどうたい》）、つまり現在《げんざい》のEU《イーユー》（欧州連合《おうしゅうれんごう》）も参加《さんか》しています。

毎年《まいとし》1回《かい》おこなわれる
首脳会議《しゅのうかいぎ》

ウクライナ情勢
ロシア制裁とウクライナ支援は……
パレスチナ情勢
イスラエルとハマスの戦いを止めるには……
中国問題
中国に公平な競争をうながすには……
世界の重要な課題について話し合おう！

2023年《ねん》には広島《ひろしま》サミットも

主要国首脳会議《しゅようこくしゅのうかいぎ》は、「サミット」とも呼《よ》ばれています。開催地《かいさいち》は各国《かっこく》の持《も》ち回《まわ》りで、日《に》本《ほん》ではこれまで7回開催《かいかいさい》されています。会議《かいぎ》では、首脳《しゅのう》らが1つのテーブルを囲《かこ》んで議論《ぎろん》を交《か》わし、最終日《さいしゅうび》には首脳宣言《しゅのうせんげん》が発表《はっぴょう》されることになっています。話《はな》されるテーマは、当初《とうしょ》は将来《しょうらい》の世界経済《せかいけいざい》でしたが、その後《ご》は国際政治《こくさいせいじ》やテロ、紛争《ふんそう》、

世界《せかい》の名目《めいもく》GDP《ジーディーピー》ランキング（2023年《ねん》）

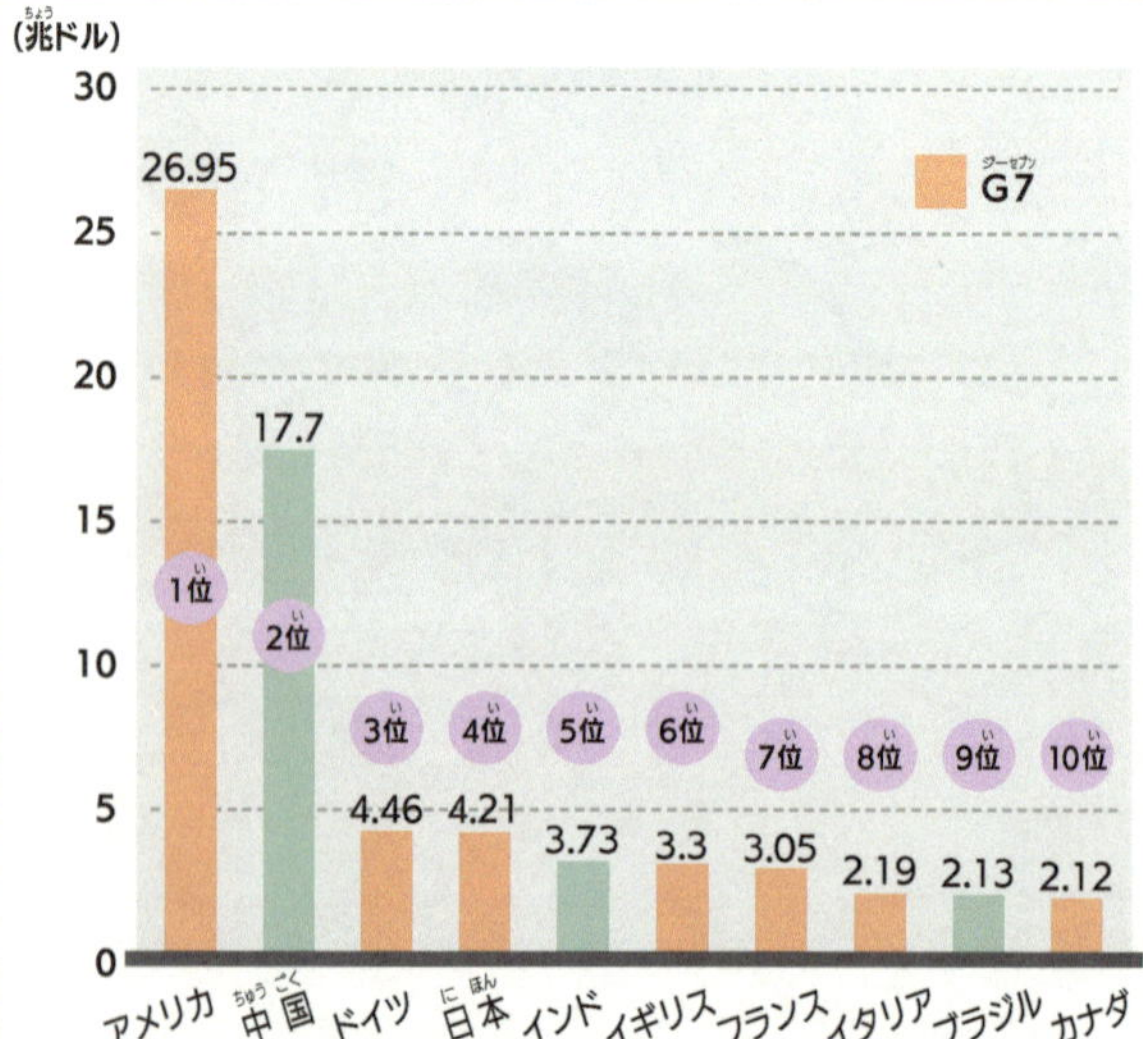

出所《しゅっしょ》：日本《にほん》、ドイツは政府発表《せいふはっぴょう》。それ以外《いがい》はIMF《アイエムエフ》（国際通貨基金《こくさいつうかききん》）の推計《すいけい》

A24 ANSWER

① サミット

ちなみに…

首脳《しゅのう》の地位《ちい》を山頂《さんちょう》にたとえて「サミット」と呼《よ》ばれます。③の「ダボス会議《かいぎ》」は世界経済《せかいけいざい》フォーラムが毎年《まいとし》スイスで開催《かいさい》し、世界経済《せかいけいざい》や環境問題《かんきょうもんだい》などについて話《はな》し合《あ》う国際会議《こくさいかいぎ》です。

開発《かいはつ》、環境《かんきょう》や貧困問題《ひんこんもんだい》、感染症《かんせんしょう》など国際社会《こくさいしゃかい》のさまざまな課題《かだい》について話《はな》し合《あ》うようになりました。2023（令和《れいわ》5）年《ねん》の「広島《ひろしま》サミット」では、ウクライナのゼレンスキー大統領《だいとうりょう》を招《まね》いてロシアによるウクライナ侵攻《しんこう》について意見《いけん》を交《か》わしています。

弱《よわ》まるG7《ジーセブン》の影響力《えいきょうりょく》

世界《せかい》の先進国《せんしんこく》の首脳《しゅのう》が集《あつ》まって議論《ぎろん》を交《か》わし、交流《こうりゅう》を深《ふか》めるのは大切《たいせつ》なことです。

しかし近年《きんねん》、「サミットの意義《いぎ》が弱《よわ》まっている」といわれています。新興国《しんこうこく》が力《ちから》をつけ、G7《ジーセブン》の影響力《えいきょうりょく》が小《ちい》さくなってきているからです。

2008年《ねん》からは、G7《ジーセブン》に中国《ちゅうごく》やインドなどが加《くわ》わって「金融《きんゆう》・世界経済《せかいけいざい》に関《かん》する首脳《しゅのう》会合《かいごう》（G20《ジートゥエンティー》サミット）」が開《ひら》かれています。GD《ジーディー》P《ピー》世界第《せかいだい》2位《い》の中国《ちゅうごく》や、人口《じんこう》が増《ふ》えて経済発展《けいざいはってん》が著《いちじる》しいインドを加《くわ》えたほうが、世界経済《せかいけいざい》を議論《ぎろん》するのに適《てき》しているのは当然《とうぜん》です。

「G8《ジーエイト》」時代《じだい》もあった

現在《げんざい》は7か国《こく》の「G7《ジーセブン》」ですが、1998年《ねん》からはロシアが加《くわ》わって「G8《ジーエイト》」となっていました。ところが、2014年《ねん》にロシアがウクライナ南部《なんぶ》のクリミア半島《はんとう》を占領《せんりょう》。G7《ジーセブン》各国《かっこく》が激《はげ》しく抗議《こうぎ》し、アメリカのオバマ大統領《だいとうりょう》（当時《とうじ》）の呼《よ》びかけで緊急《きんきゅう》に開《ひら》かれた首脳会合《しゅのうかいごう》で、ロシアの参《さん》加停止《かていし》を決《き》めます。現在《げんざい》のトランプ大統領《だいとうりょう》は「ロシアを復帰《ふっき》させたい」と表明《ひょうめい》しています。

QUESTION 25

アメリカの国民《こくみん》に占《し》める「移民《いみん》」の割合《わりあい》は?

① 100人《にん》に1人《ひとり》

② 30人《にん》に1人《ひとり》

③ 8人《にん》に1人《ひとり》

子どもを安全に育てられる国に移住したい
豊かな国で働きたい!
自由が認められる国に住みたい!
出身国《しゅっしんこく》

移民の出身国

第1位	インド	1800万人
第2位	メキシコ	1100万人
第3位	ロシア	1070万人

移民《いみん》の受《う》け入《い》れは「いいことばかり」!?

世界《せかい》の3・6%が移民《いみん》

移民《いみん》とは、「移住《いじゅう》してほかの国《くに》に定住《ていじゅう》した人《ひと》」のことを指《さ》します。難民《なんみん》（48ページ）も、広《ひろ》い意味《いみ》では移民《いみん》の一部《いちぶ》といえるでしょう。

国連《こくれん》（国際連合《こくさいれんごう》）によると、2020年時点《ねんじてん》で国境《こっきょう》を越《こ》えた移民《いみん》の数《かず》は約《やく》2億《おく》8000万《まん》人《にん》。毎年《まいとし》500万人《まんにん》のペースで増《ふ》えていて、いまや世界《せかい》の人口《じんこう》の3・6%を占《し》めるまでになっています。

日本人《にほんじん》に移民《いみん》はあまりなじみのない存在《そんざい》だと思《おも》うかもしれませんが、明治時代《めいじじだい》以降《いこう》、ブラジルやハワイ、東南《とうなん》アジアなどさまざまな国《くに》に渡《わた》った日本人《にほんじん》がいました。

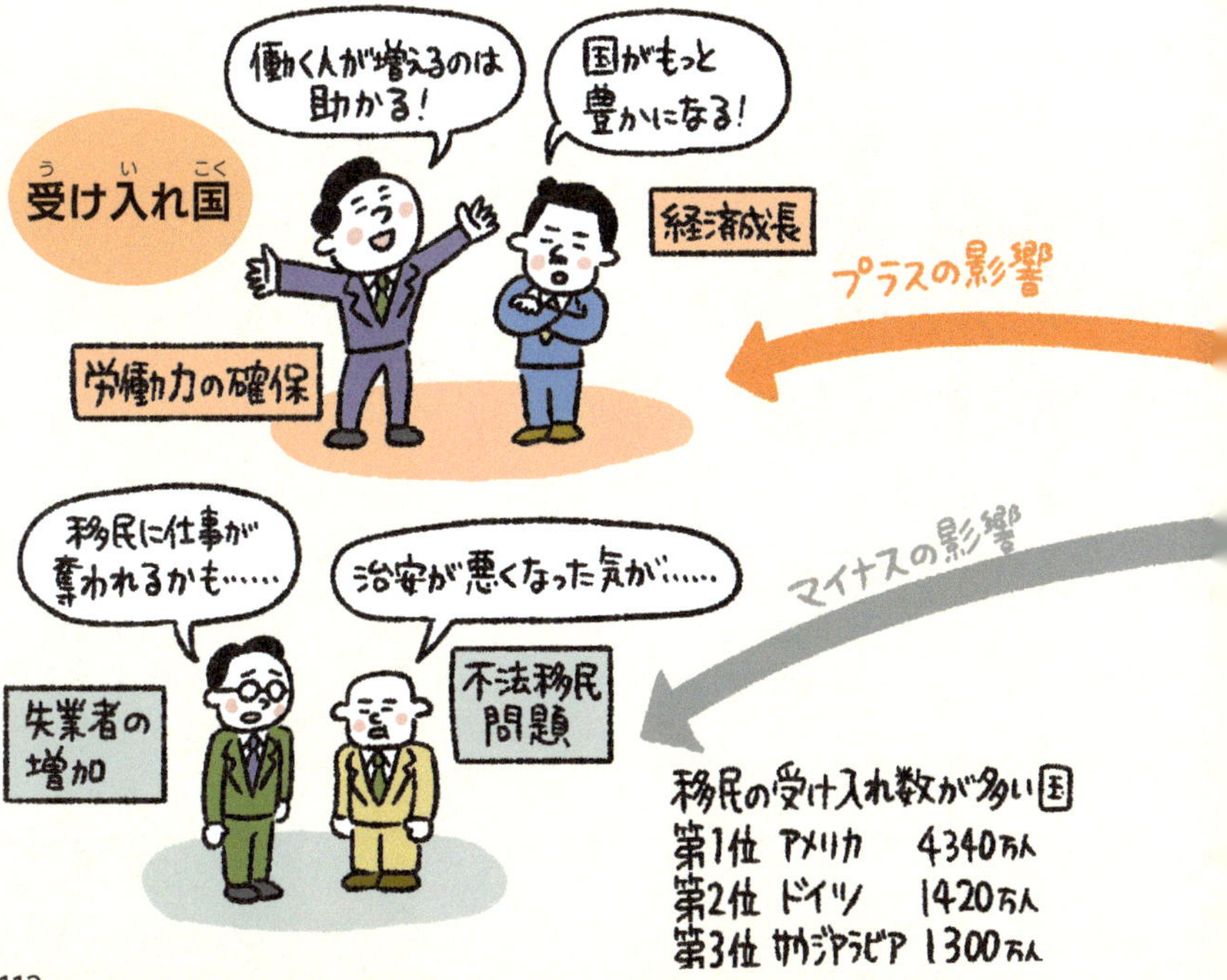
働く人が増えるのは助かる！
国がもっと豊かになる！
受《う》け入《い》れ国《こく》
経済成長
プラスの影響
労働力の確保
移民に仕事が奪われるかも……
治安が悪くなった気が……
マイナスの影響
失業者の増加
不法移民問題
移民の受け入れ数が多い国
第1位 アメリカ 4340万人
第2位 ドイツ 1420万人
第3位 サウジアラビア 1300万人

ANSWER 25

③ 8人《にん》に1人《ひとり》

ちなみに…

国連開発計画《こくれんかいはつけいかく》（UNDP《ユーエヌディーピー》）によると、2020年《ねん》時点《じてん》のアメリカの移民《いみん》は4343万人《まんにん》（13・1%）でした。ドイツ、サウジアラビア、ロシア、イギリスなども移民《いみん》が多《おお》い国《くに》です。

移民《いみん》が労働力《ろうどうりょく》をおぎなう

国境《こっきょう》を越《こ》えて移民《いみん》となる理由《りゆう》はさまざまです。難民《なんみん》のように紛争《ふんそう》や政治的《せいじてき》な理由《りゆう》で国外《こくがい》に逃《のが》れてくる人《ひと》もいますが、「より豊《ゆた》かな国《くに》で働《はたら》きたい」「もっと自由《じゆう》な国《くに》で子《こ》どもを育《そだ》てたい」など千差万別《せんさばんべつ》です。

移民《いみん》の受《う》け入《い》れ国《こく》にとって、移民《いみん》は労働力《ろうどう》不足《ぶそく》をおぎない、経済《けいざい》を成長《せいちょう》させる大《おお》きな原動力《げんどうりょく》になります。

アメリカに入国《にゅうこく》する不法移民《ふほういみん》

アメリカ
メキシコ
コロンビア
パナマ
不法移民の主な移動ルート
合流
アジアから
アフリカ
ヨーロッパから
南米から

たとえば、アメリカは世界《せかい》で最《もっと》も多《おお》く移民《いみん》を抱《かか》える国《くに》で、4343万人《まんにん》（8人《にん》に1人《ひとり》）が移民《いみん》です。アメリカが成長《せいちょう》を続《つづ》けてこられたのは、世界中《せかいじゅう》から絶《た》えず移民《いみん》を受《う》け入《い》れてきたからでもあるのです。

増《ふ》えすぎた移民《いみん》が問題《もんだい》に

しかし一方《いっぽう》で、移民《いみん》の増加《ぞうか》によって人口構成《じんこうこうせい》が変《か》わったり、低賃金《ていちんぎん》で働《はたら》く移民《いみん》に「自分《じぶん》の仕事《しごと》が奪《うば》われるかもしれない」と考《かんが》える人《ひと》も増《ふ》えたりしています。正式《せいしき》な手続《てつづ》きをせずに入国《にゅうこく》し、そのまま定住《ていじゅう》してしまう「不法移民《ふほういみん》」の問題《もんだい》も深刻《しんこく》です。アメリカでは、移民《いみん》の20%が不法移民《ふほういみん》だといわれています。

近年《きんねん》、ヨーロッパではアフリカや中東《ちゅうとう》から移民《いみん》が押《お》し寄《よ》せていて、アメリカでは南《みなみ》のメキシコ国境《こっきょう》から入《はい》ってくる不法移民《ふほういみん》が急激《きゅうげき》に増《ふ》えています。欧米《おうべい》を中心《ちゅうしん》に移民《いみん》に頭《あたま》を悩《なや》ませる国《くに》が増《ふ》え、移民《いみん》の数《かず》を制限《せいげん》するなど各国《かっこく》が対策《たいさく》を進《すす》めています。

日本《にほん》は移民社会《いみんしゃかい》になる？

少子高齢化《しょうしこうれいか》が進《すす》む日本《にほん》では、働《はたら》き手《て》を確保《かくほ》するために特定技能制度《とくていぎのうせいど》（2019年《ねん》に導入《どうにゅう》）などで外国人《がいこくじん》の受《う》け入《い》れを拡大《かくだい》しています。政府《せいふ》は「移民政策《いみんせいさく》をとるつもりはない」としていますが、今後《こんご》も外国人《がいこくじん》の割合《わりあい》はさらに高《たか》まり、国立社会保障《こくりつしゃかいほしょう》・人口問題研究所《じんこうもんだいけんきゅうじょ》は、2070年《ねん》には人口《じんこう》の1割以上《わりいじょう》が外国人《がいこくじん》となる可能性《かのうせい》があると発表《はっぴょう》しています。

「首相《しゅしょう》」と「大統領《だいとうりょう》」は何《なに》が違《ちが》う？

テレビや新聞《しんぶん》の国際《こくさい》ニュースを見《み》ていると、よく出《で》てくる「大統領《だいとうりょう》」「首相《しゅしょう》」という言葉《ことば》。これらはどう違《ちが》い、どっちが偉《えら》いのでしょうか。

「誰《だれ》が国家元首《こっかげんしゅ》か」は国《くに》によって異《こと》なる

世界《せかい》の国々《くにぐに》には通常《つうじょう》、「国家元首《こっかげんしゅ》」と呼《よ》ばれる国《くに》の代表者《だいひょうしゃ》がいます。その国家元首《こっかげんしゅ》に誰《だれ》がなるかは、国《くに》によって異《こと》なります。

たとえば、イギリスやオランダのような国王《こくおう》・女王《じょおう》がいる国《くに》は国王《こくおう》（女王《じょおう》）が国家元首《こっかげんしゅ》となり、その後継者《こうけいしゃ》が国家元首《こっかげんしゅ》を引《ひ》き継《つ》ぎます。一方《いっぽう》、アメリカやフランス、韓国《かんこく》のように国王《こくおう》・女王《じょおう》がいない国《くに》では、選挙《せんきょ》などで国家元首《こっかげんしゅ》である「大統領《だいとうりょう》」を選《えら》んでいます。

「首相《しゅしょう》」は行政《ぎょうせい》の責任者《せきにんしゃ》（リーダー）で、国家《こっか》の制度《せいど》では国家元首《こっかげんしゅ》の下《した》に位置《いち》するかたちになります。つまり国家元首《こっかげんしゅ》が大統領《だいとうりょう》であれば、通常《つうじょう》は「首相《しゅしょう》よりも大統領《だいとうりょう》のほうが偉《えら》い」ということです。

ただし、国民《こくみん》による直接選挙《ちょくせつせんきょ》ではなく議会《ぎかい》で間接的《かんせつてき》に選ばれた大統領《だいとうりょう》は、政治的《せいじてき》な権力《けんりょく》が弱《よわ》い場合《ばあい》もあります。

首相《しゅしょう》がいなくて大統領《だいとうりょう》だけがいる国《くに》は少《すく》ないですが、その代表例《だいひょうれい》がアメリカです。アメリカの大統領《だいとうりょう》は、国家元首《こっかげんしゅ》であるとともに行政《ぎょうせい》の責任者《せきにんしゃ》でもあります。ほかの国《くに》では2人《ふたり》に分《わ》かれている責任《せきにん》を1人《ひとり》が独占《どくせん》しているからこそ、アメリカの大統領《だいとうりょう》には絶大《ぜつだい》な権力《けんりょく》があるのです。

内閣総理大臣《ないかくそうりだいじん》と首相《しゅしょう》は違《ちが》うの？

日本《にほん》の「内閣総理大臣《ないかくそうりだいじん》」は「首相《しゅしょう》」とも呼《よ》ばれますが、法律上《ほうりつじょう》は内閣総理大臣《ないかくそうりだいじん》です。国会《こっかい》では慣例《かんれい》として「総理《そうり》」と略称《りゃくしょう》で呼《よ》ばれています。

では、大統領《だいとうりょう》がいない日本《にほん》の国家元首《こっかげんしゅ》は誰《だれ》でしょうか。特《とく》に規定《きてい》されていませんが、国際社会《こくさいしゃかい》では「天皇《てんのう》」が国家元首《こっかげんしゅ》の扱《あつか》いを受《う》けています。

第《だい》5章《しょう》

「お金《かね》と経済《けいざい》」の動《うご》きを知《し》ろう

経済《けいざい》と聞《き》くと「なんだか難《むずか》しい」と思《おも》うかもしれませんが、世界《せかい》の動《うご》きを知《し》るためには必須《ひっす》の知識《ちしき》です。円安《えんやす》や米中《べいちゅう》の貿易戦争《ぼうえきせんそう》、グローバルサウスなど、いま話題《わだい》のテーマを紹介《しょうかい》します。

QUESTION 26

円《えん》安《やす》になると日本《にほん》の「円《えん》」の価《か》値《ち》はどうなる?

① 下《さ》がる

② 変《か》わらない

③ 上《あ》がる

「円《えん》安《やす》」と「円《えん》高《だか》」

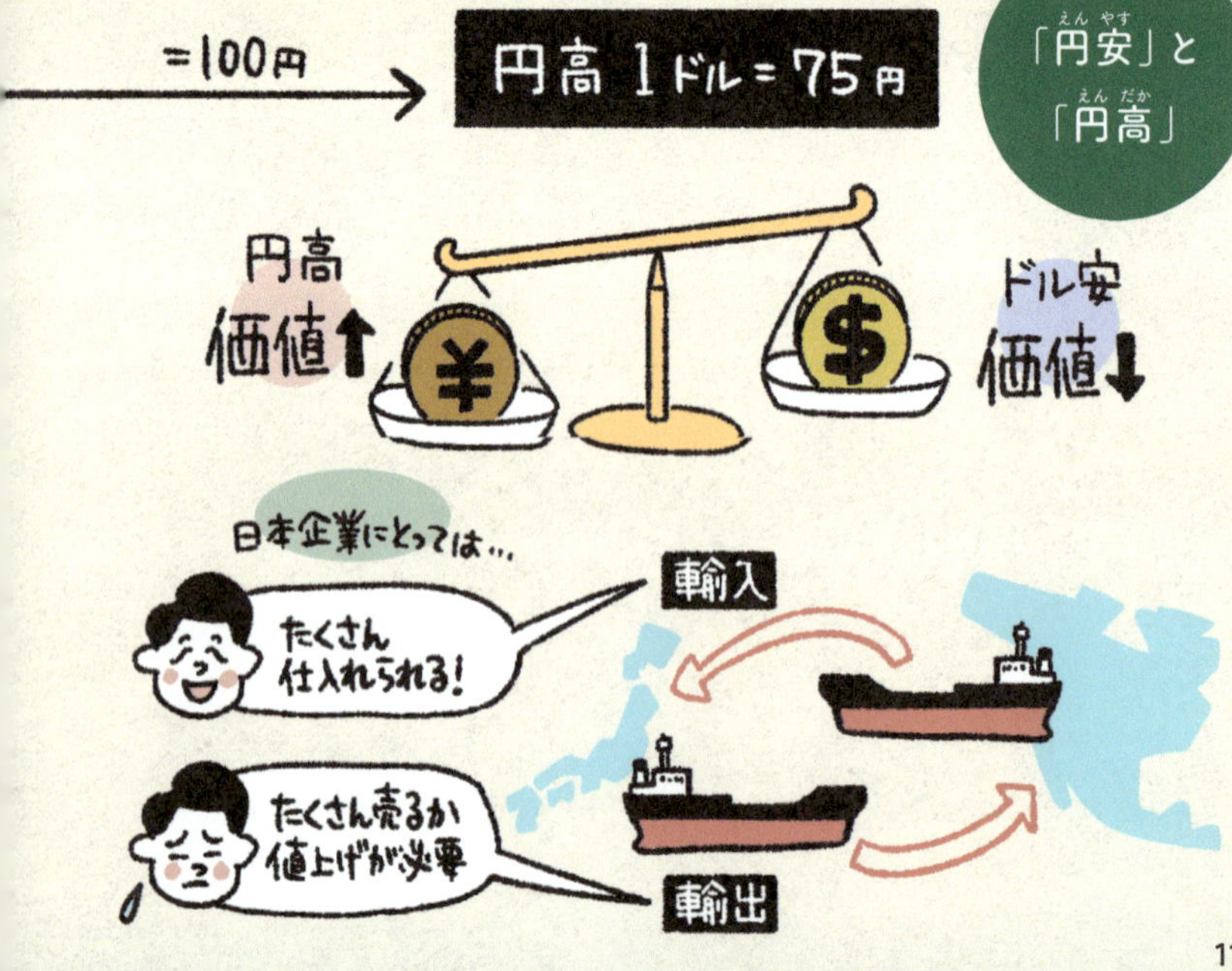

=100円
円高 1ドル=75円
円高
価値↑
ドル安
価値↓
日本企業にとっては…
輸入
たくさん仕入れられる!
たくさん売るか値上げが必要
輸出

「円安《えんやす》」「円高《えんだか》」とは？

最近《さいきん》よく、「円安《えんやす》が進《すす》んでいます」などとニュースで報《ほう》じられています。

「円安《えんやす》」とは、円《えん》の価値《かち》が外国《がいこく》の通貨《つうか》と比《くら》べて下《さ》がること。たとえば、1ドル＝100円《えん》が1ドル＝150円《えん》になれば円安《えんやす》です。1ドル＝100円《えん》なら1個《こ》1ドルのりんごを買《か》うのに100円《えん》ですみますが、1ドル＝150円《えん》だと150円《えん》必要《ひつよう》になります。ただし、いくらなら円安《えんやす》という決《き》まりはありません。以《い》前《ぜん》と比《くら》べて円《えん》の価値《かち》が下《さ》がれば円安《えんやす》です。

逆《ぎゃく》に、1ドル＝100円《えん》が1ドル＝75円《えん》のように円《えん》の価値《かち》が上《あ》がるのが「円高《えんだか》」です。

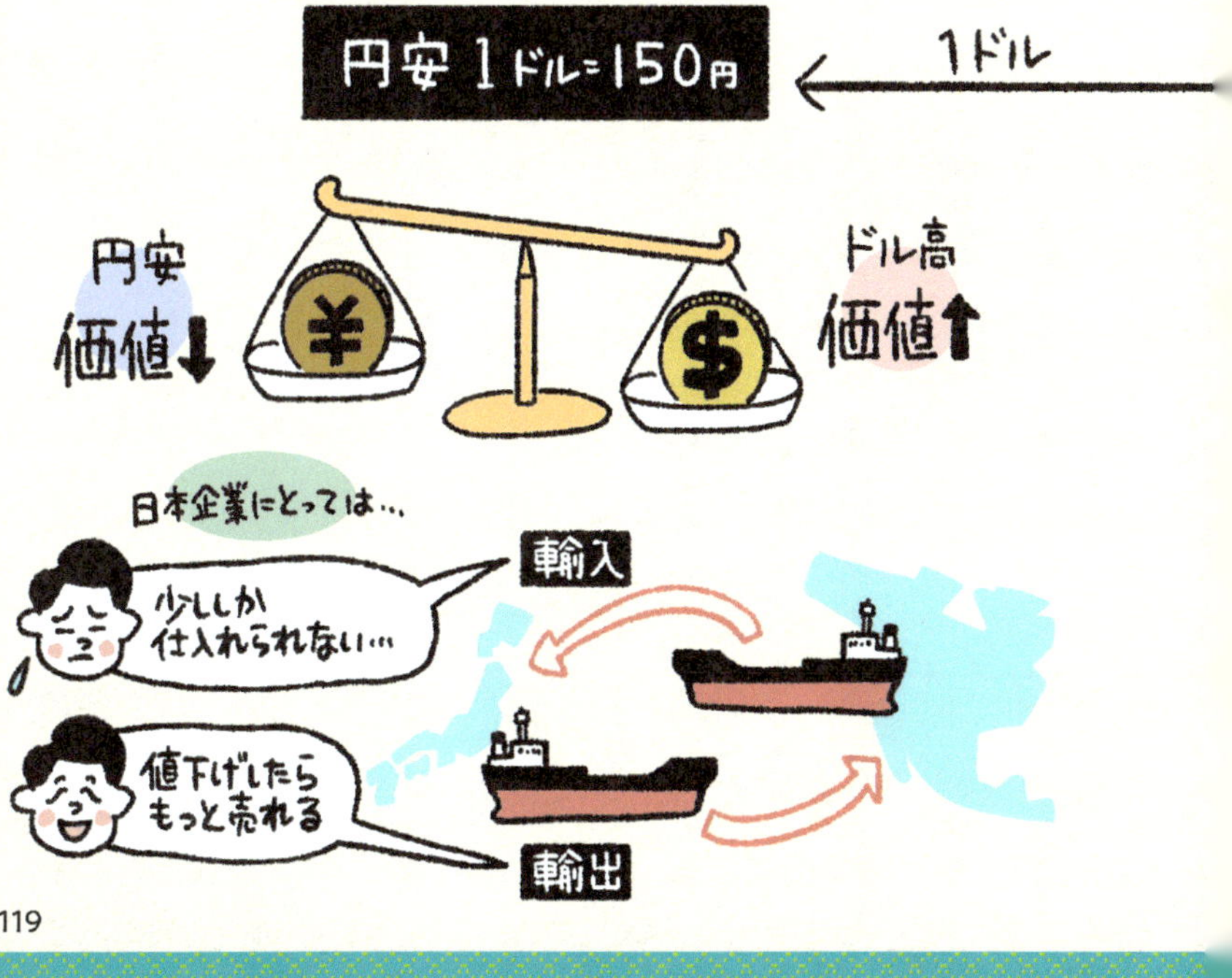
円安 1ドル＝150円
1ドル
円安
価値↓
ドル高
価値↑
日本企業にとっては…
少ししか仕入れられない…
値下げしたらもっと売れる
輸入
輸出

A 26
NSWER

① 下《さ》がる

ちなみに…

外国《がいこく》の通貨《つうか》（ドルなど）の価《か》値《ち》に比《くら》べて円《えん》の価《か》値《ち》が高《たか》くなることが「円高《えんだか》」、反対《はんたい》に低《ひく》くなることが「円安《えんやす》」です。日本《にほん》の経済《けいざい》にはどちらも前《ぜん》良《よ》い影響《えいきょう》と悪《わる》い影響《えいきょう》があります。

円安《えんやす》になると何《なに》が問題《もんだい》？

円安《えんやす》になると、海外《かいがい》で日本製《にほんせい》のモノの価格《かかく》が下《さ》がって売《う》れやすくなり、輸出《ゆしゅつ》をしている企業《きぎょう》がもうかります。

しかし、輸入品《ゆにゅうひん》の値段《ねだん》が上《あ》がるという悪《わる》い面《めん》もあります。日本《にほん》は石油《せきゆ》や食料《しょくりょう》などの多《おお》くを輸入《ゆにゅう》に頼《たよ》っています。そのため、ガソリンや小麦粉《こむぎこ》などさまざまな商品《しょうひん》が値上《ねあ》がりし、私《わたし》たちの生活《せいかつ》にも大《おお》きな影響《えいきょう》が出《で》るのです。

円安《えんやす》のメリット・デメリット

メリット
輸入品《ゆにゅうひん》の価格《かかく》が現地《げんち》で安《やす》くなる
モノが売《う》れやすくなって輸出企業《ゆしゅつきぎょう》にプラス
訪日外国人《ほうにちがいこくじん》を呼《よ》びやすくなる
デメリット
輸入品《ゆにゅうひん》の価格《かかく》が上《あ》がり、輸入企《ゆにゅうき》業《ぎょう》にマイナス
石油《せきゆ》や食品《しょくひん》などが値上《ねあ》がりし、家計《かけい》に負担《ふたん》
海外旅行《かいがいりょこう》が割高《わりだか》になる

金利差《きんりさ》が生《う》む円安《えんやす》

いま起《お》きている円安《えんやす》のおもな原因《げんいん》は、日米《にちべい》の「金利差《きんりさ》」にあります。

日本経済《にほんけいざい》は長《なが》い間低迷《あいだていめい》していたため、日本銀行《にっぽんぎんこう》は企業《きぎょう》が銀行《ぎんこう》からお金《かね》を借《か》りやすいように金利《きんり》をゼロ近《ちか》くにする政策《せいさく》をとっています。一方《いっぽう》、アメリカは急激《きゅうげき》なインフレ（122ページ）を抑《おさ》えるために、金利《きんり》を高《たか》くし、企業《きぎょう》が銀行《ぎんこう》からお金《かね》を借《か》りにくい状況《じょうきょう》にして景気《けいき》が過熱《かねつ》しすぎないようにしてきました。そのため日米《にちべい》の金利差《きんりさ》が広《ひろ》がり、円《えん》を売《う》ってドルを買《か》う人《ひと》が増《ふ》えて円安《えんやす》が進《すす》んだのです。

そもそも「金利《きんり》」って何《なに》？

「金利《きんり》」とは、お金《かね》を貸《か》し借《か》りするときの利子《りし》の割合《わりあい》のことです。金利《きんり》が低《ひく》いとお金《かね》を借《か》りる人《ひと》が増《ふ》えて景気《けいき》が良《よ》くなり、物価《ぶっか》が上《あ》がります。金利《きんり》が高《たか》いと、お金《かね》を借《か》りる人《ひと》が減《へ》って景気《けいき》が悪《わる》くなります。各国《かっこく》の中央銀行《ちゅうおうぎんこう》（日本《にほん》は日本銀行《にっぽんぎんこう》）は、この金利《きんり》を上下《じょうげ》させることで、景気《けいき》を調整《ちょうせい》しているのです。

政策金利《せいさくきんり》と景気《けいき》の関係性《かんけいせい》
景気《けいき》が良《よ》いとき
政策金利引《せいさくきんりひ》き上《あ》げ
金利引《きんりひ》き上《あ》げ
お金《かね》を借《か》りにくくなる
物価上昇《ぶっかじょうしょう》を抑《おさ》える
景気《けいき》が落《お》ち着《つ》く
中央銀行《ちゅうおうぎんこう》
BANK
金融機関《きんゆうきかん》
企業《きぎょう》や個人《こじん》
景気《けいき》が悪《わる》いとき
政策金利引《せいさくきんりひ》き下《さ》げ
金利引《きんりひ》き下《さ》げ
お金《かね》を借《か》りやすくなる
物価《ぶっか》が押《お》し上《あ》がる
景気《けいき》が活発《かっぱつ》に

QUESTION 27

モノの値段《ねだん》が上《あ》がっていくことをなんという?

①
デフレーション

②
デコレーション

③
インフレーション

インフレにも良《よ》い・悪《わる》いがある⁉

日本《にほん》は長《なが》い間《あいだ》、物価《ぶっか》(モノの値段《ねだん》)が下《さ》がってお金《かね》の価値《かち》が上《あ》がる「デフレ(デフレーション)」の状態《じょうたい》にありました。

しかしいま日本《にほん》は、物価《ぶっか》が上《あ》がってお金《かね》の価値《かち》が下《さ》がる「インフレ(インフレーション)」の状態《じょうたい》にあります。

モノの値段《ねだん》が上《あ》がるのは悪《わる》いことだと思《おも》うかもしれませんが、物価《ぶっか》の上昇《じょうしょう》以上《いじょう》に賃金《ちんぎん》が増《ふ》えるなら「良《よ》いインフレ」といえます。ところが、物価《ぶっか》が上《あ》がっても賃金上昇《ちんぎんじょうしょう》がそれに追《お》いつかなければ、モノを買《か》う意欲《いよく》も高《たか》まらず「悪《わる》いインフレ」になってしまいます。

2つのインフレ

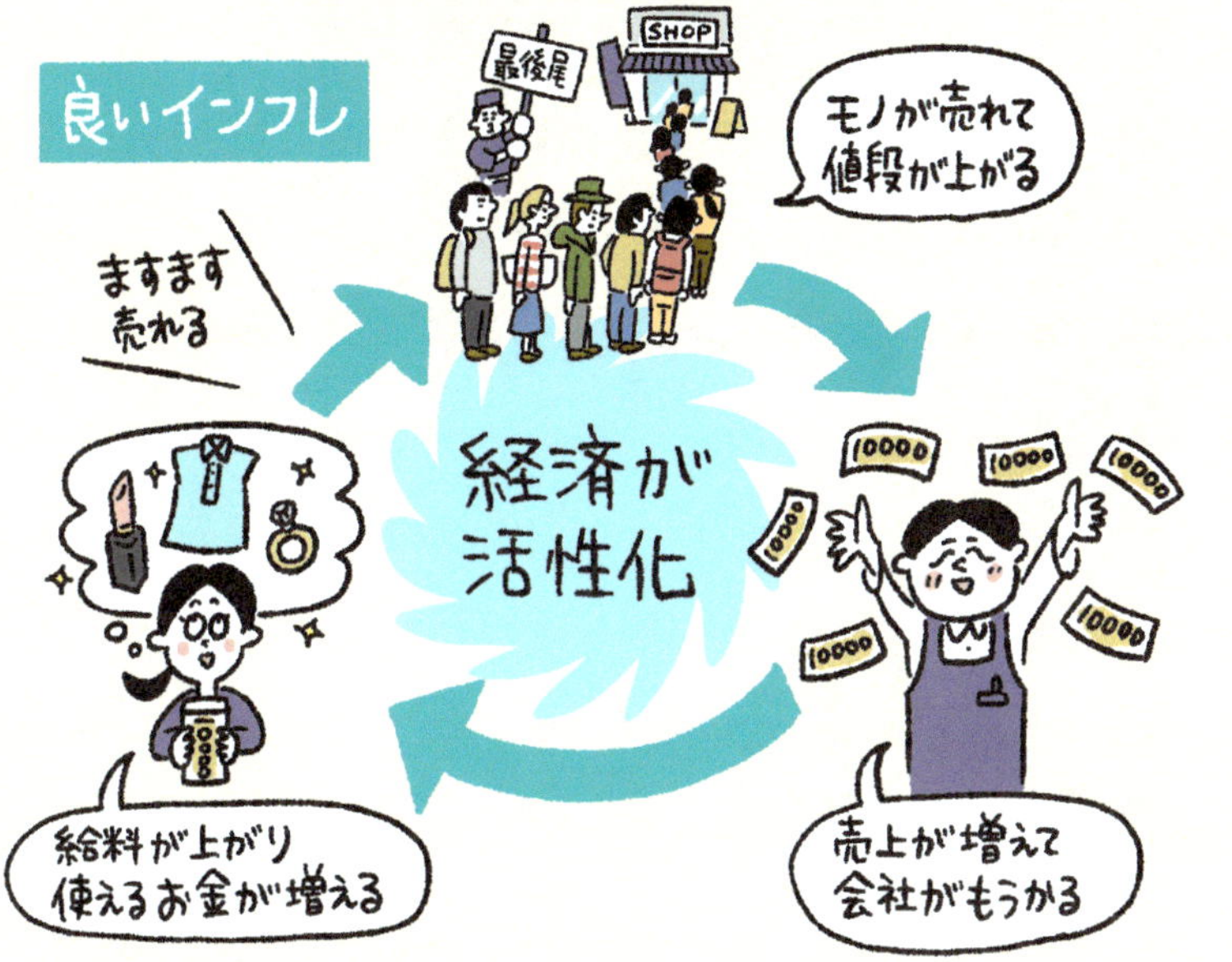
良いインフレ
最後尾
SHOP
モノが売れて値段が上がる
ますます売れる
経済が活性化
売上が増えて会社がもうかる
給料が上がり使えるお金が増える

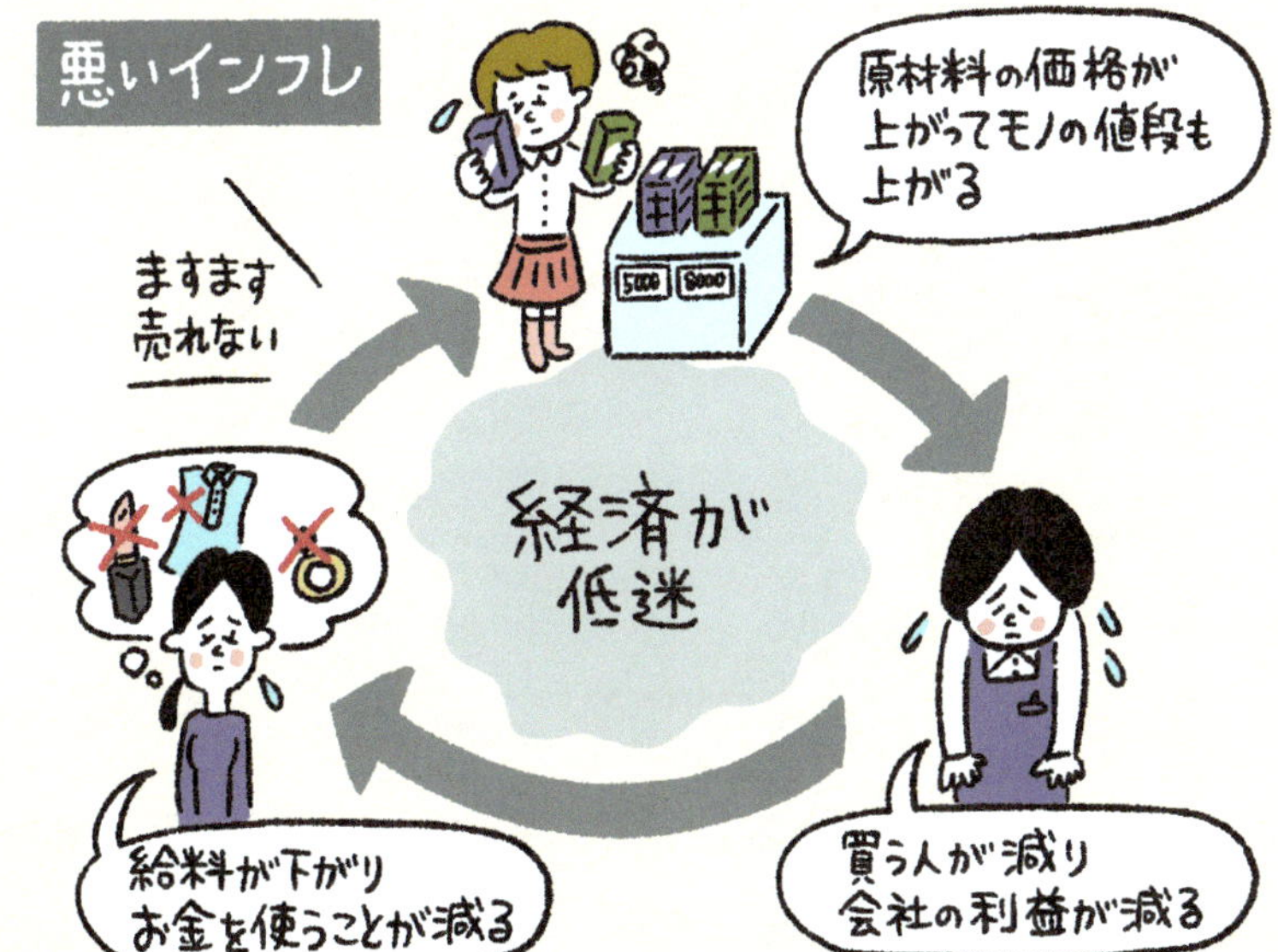
悪いインフレ
原材料の価格が上がってモノの値段も上がる
ますます売れない
経済が低迷
買う人が減り会社の利益が減る
給料が下がりお金を使うことが減る

A27
ANSWER

③インフレーション（インフレ）

ちなみに…

①の「デフレーション（デフレ）」は、逆《ぎゃく》に「モノの値段《ねだん》が下《さ》がり続《つづ》けること」です。日本《にほん》は1990年代後半《ねんだいこうはん》から約《やく》30年《ねん》にわたって、デフレの時代《じだい》が続《つづ》きました。

なぜインフレが起《お》きている？

日本《にほん》で長《なが》く続《つづ》いたデフレが終《お》わり、インフレが起《お》きているのはなぜでしょうか。

そのきっかけは、世界的《せかいてき》なコロナ禍《か》から回復《かい》し、原材料《げんざいりょう》や物流《ぶつりゅう》の価格《かかく》が上《あ》がったこと。これにロシアのウクライナ侵攻《しんこう》が重《かさ》なり、小《こ》麦《むぎ》粉《こ》やエネルギーの価格《かかく》も上昇《じょうしょう》しました。

日本特有《にほんとくゆう》の事情《じじょう》もあります。円安《えんやす》（118ページ）が進《すす》んだことです。円安《えんやす》だと輸入品《ゆにゅうひん》が

最近《さいきん》の物価上昇《ぶっかじょうしょう》の背景《はいけい》

小麦粉《こむぎこ》やアルミなど
電気《でんき》やガソリンなど
輸入品《ゆにゅうひん》が値上《ねあ》がり
さまざまなモノの価格《かかく》が上昇《じょうしょう》

高《たか》くなるため、物価《ぶっか》を押《お》し上《あ》げるのです。

重要《じゅうよう》なのは賃金《ちんぎん》を上《あ》げること

物価上昇《ぶっかじょうしょう》を抑《おさ》えるために日本《にほん》が1国《こく》でできるのは、金利《きんり》を上《あ》げて円安《えんやす》を止《と》めることくらいですが、それはかんたんではありません。

物価《ぶっか》の上昇《じょうしょう》が止《と》まらないのなら、重要《じゅうよう》なのは働《はたら》く人《ひと》の賃金《ちんぎん》を上《あ》げて「良《よ》いインフレ」にすることです。賃金《ちんぎん》が増《ふ》えれば、人々《ひとびと》は値上《ねあ》げの影響《えいきょう》をあまり受《う》けずに生活《せいかつ》できます。

政府《せいふ》は最低賃金《さいていちんぎん》を上《あ》げたり、賃上《ちんあ》げを企業《きぎょう》に呼《よ》びかけたりしていますが、「賃上《ちんあ》げしたくない」という雰囲気《ふんいき》が日本《にほん》の多《おお》くの会社《かいしゃ》には根強《ねづよ》く残《のこ》っています。

G7《ジーセブン》の名目賃金《めいもくちんぎん》の推移《すいい》

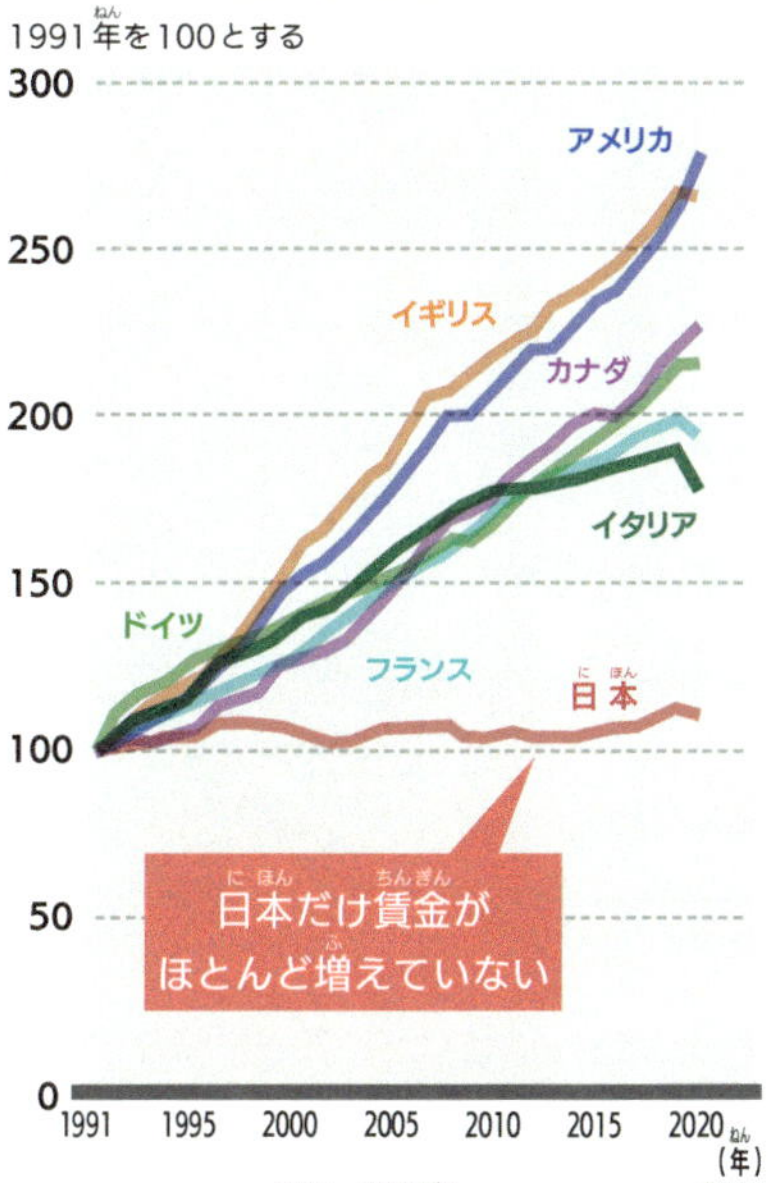
1991年《ねん》を100とする
300
250
200
150
100
50
0
アメリカ
イギリス
カナダ
イタリア
ドイツ
フランス
日本《にほん》
日本《にほん》だけ賃金《ちんぎん》が
ほとんど増《ふ》えていない
1991
1995
2000
2005
2010
2015
2020
(年《ねん》)

出所《しゅっしょ》：OECD《オーイーシーディー》のデータをもとに作成《さくせい》

賃金《ちんぎん》が30年上《ねんあ》がっていない日本《にほん》

「日本《にほん》の賃金《ちんぎん》はここ30年間上《ねんかんあ》がっていない」とよくいわれます。実際《じっさい》、1990年《ねん》から2020年《ねん》の30年間《ねんかん》に、欧米諸国《おうべいしょこく》の賃金《ちんぎん》が1.5倍《ばい》から2.5倍《ばい》くらい増《ふ》えているのに対《たい》して、日本《にほん》はほぼ横《よこ》ばいのまま。現在《げんざい》の日本《にほん》の賃金《ちんぎん》も、先進国《せんしんこく》のなかでは低《ひく》い水準《すいじゅん》にあります。「賃金《ちんぎん》を上《あ》げたくない」という雰囲気《ふんいき》が多《おお》くの日本《にほん》の会社《かいしゃ》でずっと続《つづ》いてきたのです。

QUESTION 28

自由《じゆう》な貿易《ぼうえき》をめざして2016年《ねん》に誕生《たんじょう》した、日本《にほん》も加盟《かめい》している協定《きょうてい》は何《なに》?

① WTO《ダブリューティーオー》

② TPO《ティーピーオー》

③ TPP《ティーピーピー》

「自由貿易《じゆうぼうえき》」と「保護貿易《ほごぼうえき》」

世界《せかい》の経済《けいざい》は、「貿易《ぼうえき》」がつないでいます。それぞれの国《くに》が得意《とくい》なものを生産《せいさん》し、貿易《ぼうえき》によって輸出《ゆしゅつ》・輸入《ゆにゅう》し合《あ》えば、お互《たが》いに経済《けいざい》を成長《せいちょう》させることができます。

貿易《ぼうえき》についての考《かんが》え方《かた》は、大《おお》きく2つあります。「自由貿易《じゆうぼうえき》」と「保護貿易《ほごぼうえき》」です。

自由貿易《じゆうぼうえき》は関税《かんぜい》をできるだけ低《ひく》くするなどして、自由《じゆう》に貿易《ぼうえき》ができるようにするというもの。保護貿易《ほごぼうえき》は自分《じぶん》の国《くに》の産業《さんぎょう》を守《まも》るために、関税《かんぜい》を高《たか》くしたり、輸入《ゆにゅう》する量《りょう》を制限《せいげん》したりして、安《やす》い外国産品《がいこくさんひん》が入《はい》ってこないようにするものです。

自由《じゆう》貿易《ぼうえき》と保護《ほご》貿易《ぼうえき》

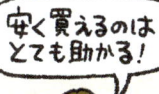

A国
自由貿易
B国
安く輸出するよ！
関税も輸入制限もありません
安く買えるのはとても助かる！
×関税
×輸入制限
たくさん輸出するよ！
こんなに安いと、うちの商売あがったりだ！
A国
保護貿易
B国
安く輸出するよ！
高いから生活費が増えてたいへん……
関税をかけます
たくさん輸出するよ！
これなら国内産業に影響がないね
輸入量を制限します

ANSWER 28

③ TPP《ティーピーピー》（環《かん》太《たい》平《へい》洋《よう》経《けい》済《ざい》連《れん》携《けい》協《きょう》定《てい》）

ちなみに…

①の「WTO《ダブリューティーオー》（世界貿易機関《せかいぼうえききかん》）」は、世界《せかい》の自由《じゆう》貿易体制《ぼうえきたいせい》を促進《そくしん》するための国際機関《こくさいきかん》。貿易《ぼうえき》に関《かん》する国際《こくさい》ルールを定《さだ》めて、加盟国間《かめいこくかん》で貿易交渉《ぼうえきこうしょう》をおこないます。

大戦《たいせん》の要因《よういん》となった保護貿易《ほごぼうえき》

世界《せかい》の国々《くにぐに》は第二次世界大戦《だいにじせかいたいせん》以降《いこう》、「保護貿易《ほご》」から「自由貿易《じゆうぼうえき》」に向《む》かうように努力《どりょく》を続《つづ》けてきました。

それは、1929年《ねん》に始《はじ》まった世界恐慌《せかいきょうこう》をきっかけに、強国《きょうこく》のイギリスやフランス、アメリカが保護貿易《ほごぼうえき》を推《お》し進《すす》め、それに対抗《たいこう》するように日本《にほん》やドイツが独自《どくじ》の貿易圏《ぼうえきけん》をつくろうとしたことが、戦争《せんそう》が起《お》きる要因《よういん》になっ

TPP《ティーピーピー》とRCEP《アールセップ》の加盟国《かめいこく》

RCEP《アールセップ》	（両方）	TPP《ティーピーピー》
中国《ちゅうごく》	日本《にほん》	チリ
韓国《かんこく》	シンガポール	ペルー
ラオス	マレーシア	カナダ
ミャンマー	ベトナム	メキシコ
インドネシア	ブルネイ	イギリス
フィリピン	オーストラリア	
タイ	ニュージーランド	
カンボジア		

2024年《ねん》にヨーロッパの国《くに》として初《はじ》めて加盟《かめい》

てしまったからです。

日本《にほん》が結《むす》ぶTPP《ティーピーピー》とRCEP《アールセップ》

現在《げんざい》、160を超《こ》える国《くに》と地域《ちいき》が加盟《かめい》するWTO《ダブリューティーオー》が自由貿易《じゆうぼうえき》のルールづくりなどをおこない、それぞれの国《くに》や地域《ちいき》がEPA《イーピーエー》（経済連携協定《けいざいれんけいきょうてい》）やFTA《エフティーエー》（自由貿易協定《じゆうぼうえききょうてい》）を結《むす》んで自由貿易《じゆうぼうえき》を進《すす》めています。

日本《にほん》は2国間《こくかん》の協定《きょうてい》のほかに、太平洋《たいへいよう》を囲《かこ》む国《くに》を中心《ちゅうしん》に12か国《こく》（イギリスをふくむ）が参加《さんか》するTPP《ティーピーピー》と、アジア太平洋《たいへいよう》の15か国《こく》が参加《さんか》するRCEP《アールセップ》（地域的《ちいきてき》な包括的《ほうかつてき》経済連携《けいざいれんけい》）に参加《さんか》しています。

TPP《ティーピーピー》やRCEP《アールセップ》などによって貿易《ぼうえき》が自由化《じゆうか》されることで、日本《にほん》にはどのようなメリットがあるのでしょうか。

工業製品《こうぎょうせいひん》などは輸出《ゆしゅつ》するときの関税《かんぜい》がなくなって売《う》りやすくなります。また、原材料《げんざいりょう》を輸入《ゆにゅう》する企業《きぎょう》は安《やす》く調達《ちょうたつ》できるようになるのです。

そもそも「関税《かんぜい》」って何《なに》？

関税《かんぜい》とは、輸出入品《ゆしゅつにゅうひん》にかけられる税金《ぜいきん》のこと。高《たか》い関税《かんぜい》をかけると国内《こくない》での価格《かかく》が高《たか》くなり、その商品《しょうひん》を生産《せいさん》する国内産業《こくないさんぎょう》を保護《ほご》することができますが、その産業《さんぎょう》が国際的《こくさいてき》な競争力《きょうそうりょく》を失《うしな》ってしまう可能性《かのうせい》があります。関税《かんぜい》をかけないと、安《やす》い外国産品《がいこくさんひん》に押《お》されて国産品《こくさんひん》の売《う》れ行《ゆ》きが落《お》ちるなどの悪影響《あくえいきょう》をおよぼすこともあります。

QUESTION 29

GDP《ジーディーピー》（国内総生産《こくないそうせいさん》）の世界《せかい》第《だい》1位《い》はアメリカ。では第《だい》2位《い》は？

① 日本《にほん》

② 中国《ちゅうごく》

③ ドイツ

米中《べいちゅう》の「貿易戦争《ぼうえきせんそう》」

1990年代《ねんだい》から2000年代《ねんだい》にかけて、アメリカは世界唯一《せかいゆいいつ》の超大国《ちょうたいこく》でした。しかし、中国《ちゅうごく》が急速《きゅうそく》に経済発展《けいざいはってん》を遂《と》げ、2010年代《ねんだい》にはアメリカと肩《かた》を並《なら》べるまでになりました。

そんななかで登場《とうじょう》したのが、2017年《ねん》にアメリカ大統領《だいとうりょう》となったドナルド・トランプ。「アメリカ・ファースト（米国第一《べいこくだいいち》）」を掲《かか》げる彼《かれ》は、自国《じこく》の利益《りえき》のためには保護貿易《ほごぼうえき》も必要《ひつよう》だと考《かんが》え、ライバルである中国《ちゅうごく》の製品《せいひん》に高《たか》い関税《かんぜい》をかけました。それに対抗《たいこう》して中国《ちゅうごく》もアメリカの製品《せいひん》に関税《かんぜい》をかけたことから、世界《せかい》を巻《ま》き込《こ》む「貿易戦争《ぼうえきせんそう》」が始《はじ》まったのです。

中国
1 中国でつくったものを世界中に安くたくさん輸出しよう
アメリカへの輸出
4 それなら中国も、アメリカからの輸入品は高関税にしよう！
税関

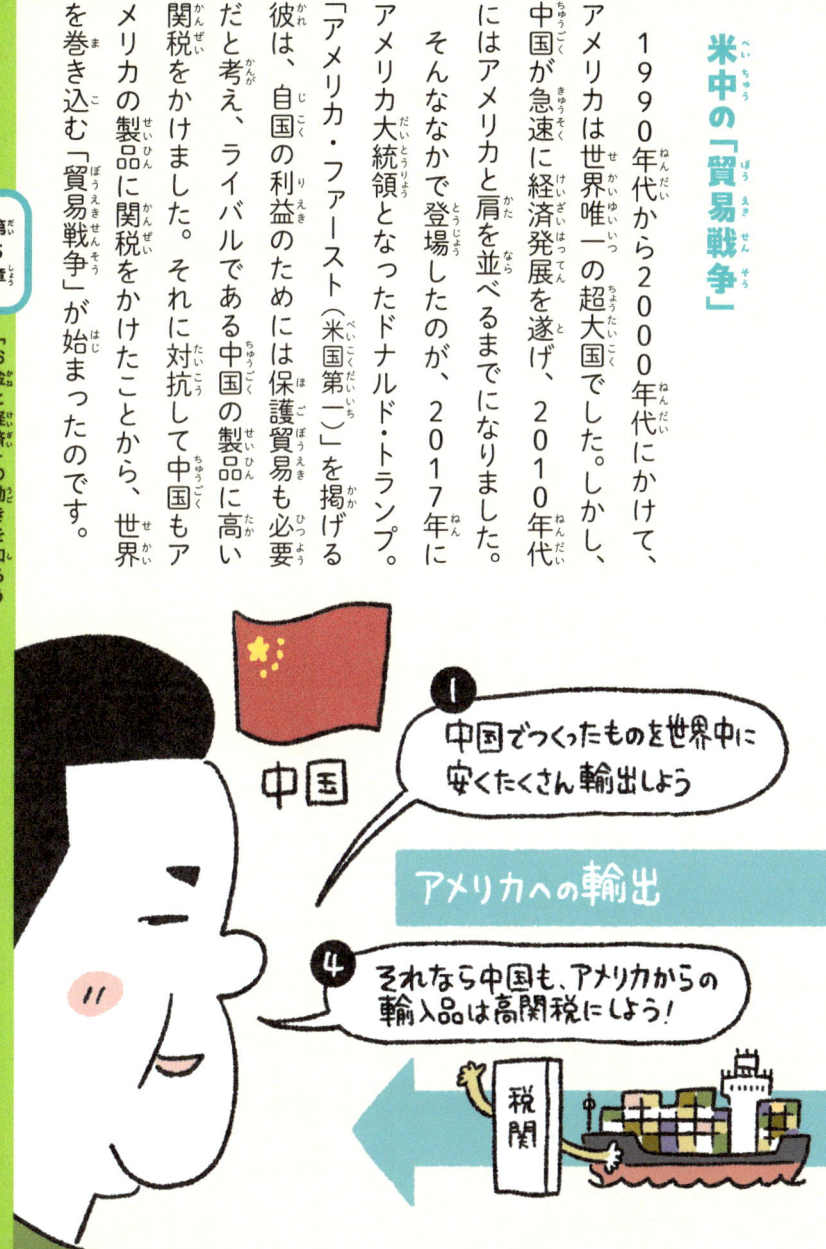

A29 NSWER

② 中《ちゅう》国《ごく》

ちなみに…

①の「日本《にほん》」は第《だい》4位《い》、③の「ドイツ」は第《だい》3位《い》です。日本《にほん》は2010年《ねん》に中国《ちゅうごく》に抜《ぬ》かれて第《だい》3位《い》に、2023年《ねん》にはドイツに抜《ぬ》かれて第《だい》4位《い》に転落《てんらく》しました。

安《やす》い輸《ゆ》入《にゅう》品《ひん》が仕《し》事《ごと》を奪《うば》う!?

アメリカにとって中国《ちゅうごく》は重要《じゅうよう》な貿易相手国《ぼうえきあいてこく》で、中国《ちゅうごく》にとっても最大《さいだい》の貿易相手国《ぼうえきあいてこく》はアメリカです。ただし、中国《ちゅうごく》はアメリカへの輸出《ゆしゅつ》がアメリカからの輸入《ゆにゅう》を上回《うわまわ》る「貿易黒字《ぼうえきくろじ》」、アメリカは中国《ちゅうごく》からの輸入額《ゆにゅうがく》がアメリカからの輸《ゆ》出額《しゅつがく》を上回《うわまわ》る「貿易赤字《ぼうえきあかじ》」が続《つづ》いていました。

トランプは、「中国《ちゅうごく》からの安《やす》い輸入品《ゆにゅうひん》がアメリカ人《じん》から仕事《しごと》を奪《うば》う」と言《い》って、中国《ちゅうごく》か

アメリカのおもな輸入相手国《ゆにゅうあいてこく》（2023年《ねん》）

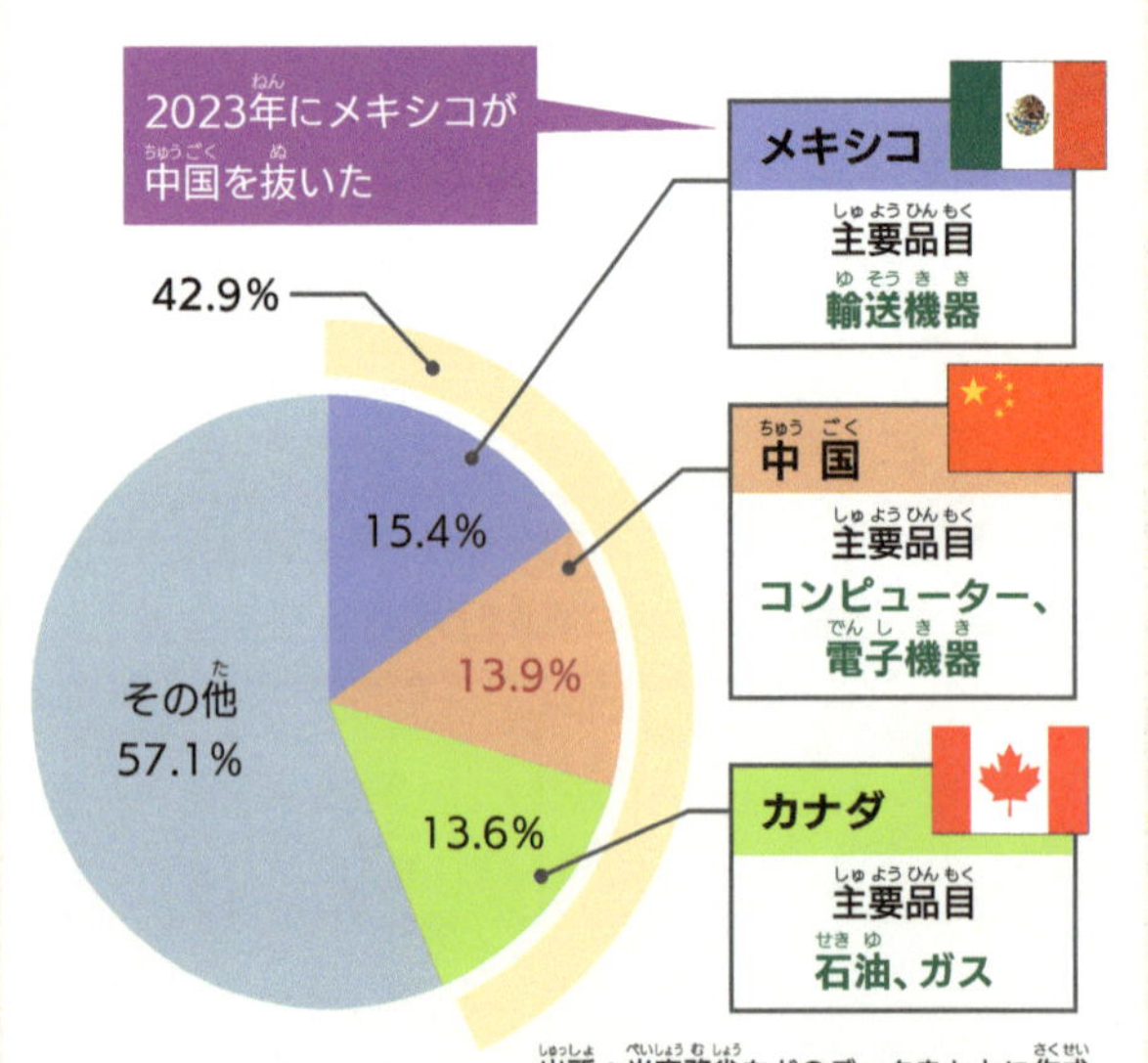
2023年《ねん》にメキシコが中国《ちゅうごく》を抜《ぬ》いた
42.9%
15.4%
13.9%
13.6%
その他《た》 57.1%
メキシコ
主要品目《しゅようひんもく》
輸送機器《ゆそうきき》
中《ちゅう》国《ごく》
主要品目《しゅようひんもく》
コンピューター、電子機器《でんしきき》
カナダ
主要品目《しゅようひんもく》
石油《せきゆ》、ガス

出所《しゅっしょ》：米商務省《べいしょうむしょう》などのデータをもとに作成《さくせい》

らの輸入品《ゆにゅうひん》に最大《さいだい》25％という高《たか》い関税《かんぜい》をかけました。関税《かんぜい》をかけて値段《ねだん》が上乗《うわの》せされれば、中国《ちゅうごく》から高《たか》いものを買《か》うよりアメリカの工場《こうじょう》でつくったほうがいいと考《かんが》えたのです。

さらに強《つよ》まる保護貿易《ほごぼうえき》

2025年《ねん》1月《がつ》、ジョー・バイデンにかわってトランプが再《ふたた》び大統領《だいとうりょう》になりました。トランプは同盟関係《どうめいかんけい》にある日本《にほん》やヨーロッパの国《くに》をふくめたすべての国《くに》に10～20％、脅威《きょうい》とみなしている中国《ちゅうごく》にも10％の追《つい》加関税《かかんぜい》をかけました。アメリカの保護貿易《ほごぼうえき》は、今後《こんご》さらに強《つよ》まりそうです。

日本《にほん》への影響《えいきょう》を考《かんが》えてみよう

日本《にほん》にとって中国《ちゅうごく》は、地理的《ちりてき》に近《ちか》く、現在《げんざい》は最大《さいだい》の貿易相《ぼうえきあい》手国《てこく》。歴史的《れきしてき》にもつながりが深《ふか》い国《くに》です。アメリカは中国《ちゅうごく》に次《つ》ぐ第《だい》2位《い》の輸出先《ゆしゅつさき》で、政《せい》治的《じてき》・軍事的《ぐんじてき》にも強《つよ》く結《むす》びついた大切《たいせつ》な国《くに》です。米中《べいちゅう》の貿《ぼう》易戦争《えきせんそう》は、世界経済《せかいけいざい》にも無関《むかん》係《けい》ではありません。日本《にほん》にはどのような影響《えいきょう》があるのか、考《かんが》えてみましょう。

GDP《ジーディーピー》の変遷《へんせん》

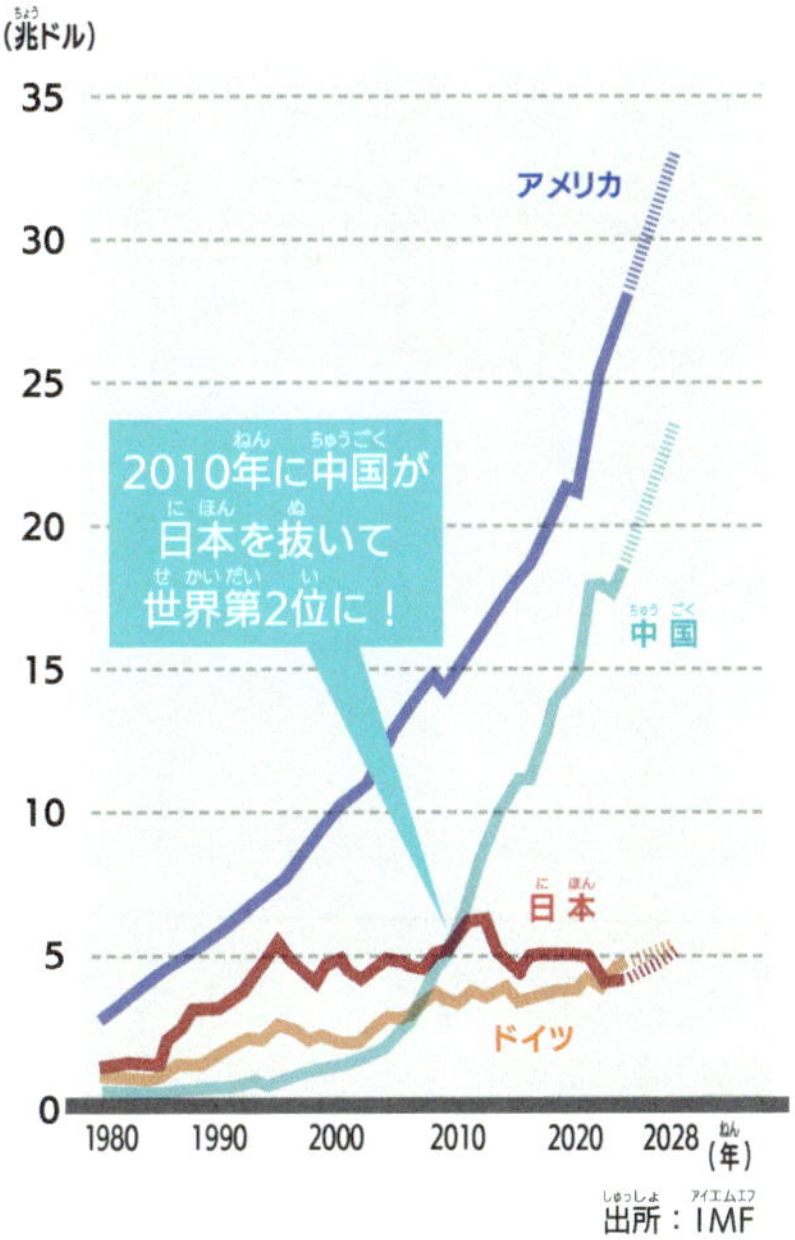
(兆《ちょう》ドル)
35
30
25
20
15
10
5
0
1980
1990
2000
2010
2020
2028
(年《ねん》)
アメリカ
中国《ちゅうごく》
日本《にほん》
ドイツ
2010年《ねん》に中国《ちゅうごく》が日本《にほん》を抜《ぬ》いて世界第《せかいだい》2位《い》に！

出所《しゅっしょ》：IMF《アイエムエフ》

QUESTION 30

中国《ちゅうごく》が進《すす》めている世界規模《せかいきぼ》の経済圏《けいざいけん》の構想《こうそう》は次《つぎ》のうちどれ？

①
一期一会《いちごいちえ》

②
一帯一路《いったいいちろ》

③
一国一城《いっこくいちじょう》

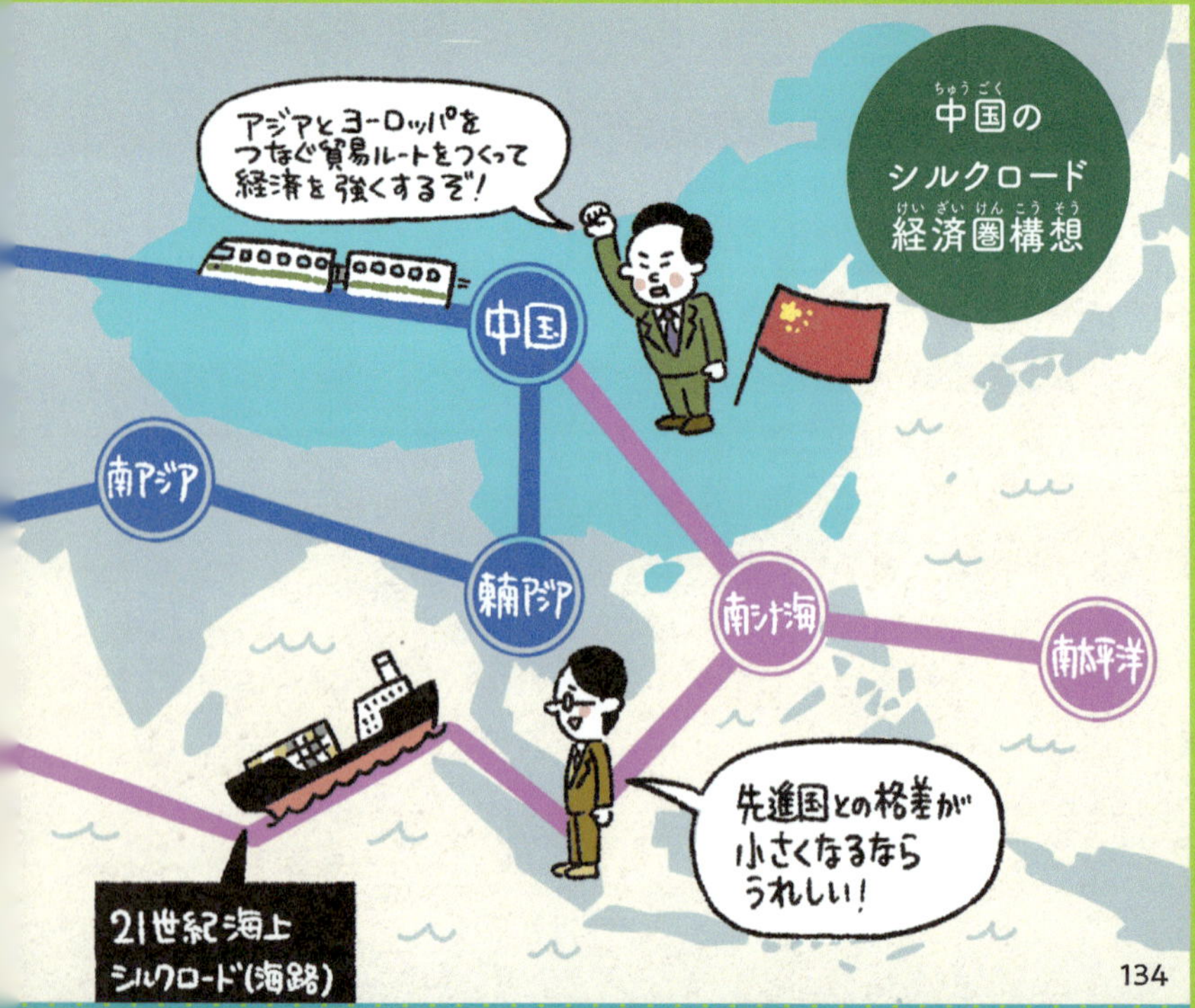

中国《ちゅうごく》のシルクロード経済圏構想《けいざいけんこうそう》
アジアとヨーロッパをつなぐ貿易ルートをつくって経済を強くするぞ！
中国
南アジア
東南アジア
南シナ海
南太平洋
先進国との格差が小さくなるならうれしい！
21世紀海上シルクロード（海路）

〝現代版《げんだいばん》〟シルクロード

中国《ちゅうごく》のリーダーである習近平《しゅうきんぺい》国家《こっか》主席《しゅせき》は2013年《ねん》、アジアとヨーロッパを結《むす》ぶ巨大《きょだい》な経済圏《けいざいけん》構想《こうそう》を打《う》ち出《だ》しました。

中国産《ちゅうごくさん》の絹《きぬ》をヨーロッパに運《はこ》んだ古代《こだい》の交易《こうえき》ルート「シルクロード」の〝現代版《げんだいばん》〟を実現《じつげん》しようという試《こころ》みで、陸路《りくろ》の「シルクロード経済《けいざい》ベルト」と航路《こうろ》の「21世紀《せいき》海上《かいじょう》シルクロード」をつくって貿易《ぼうえき》や交流《こうりゅう》を活性化《かっせいか》させ、経済《けいざい》を成長《せいちょう》させようというものです。

中国《ちゅうごく》が参加《さんか》を世界各国《せかいかっこく》に呼《よ》びかけると、アジアやヨーロッパ、アフリカの国々《くにぐに》が組《く》み込《こ》まれて、構想《こうそう》は大《おお》きく拡大《かくだい》しました。

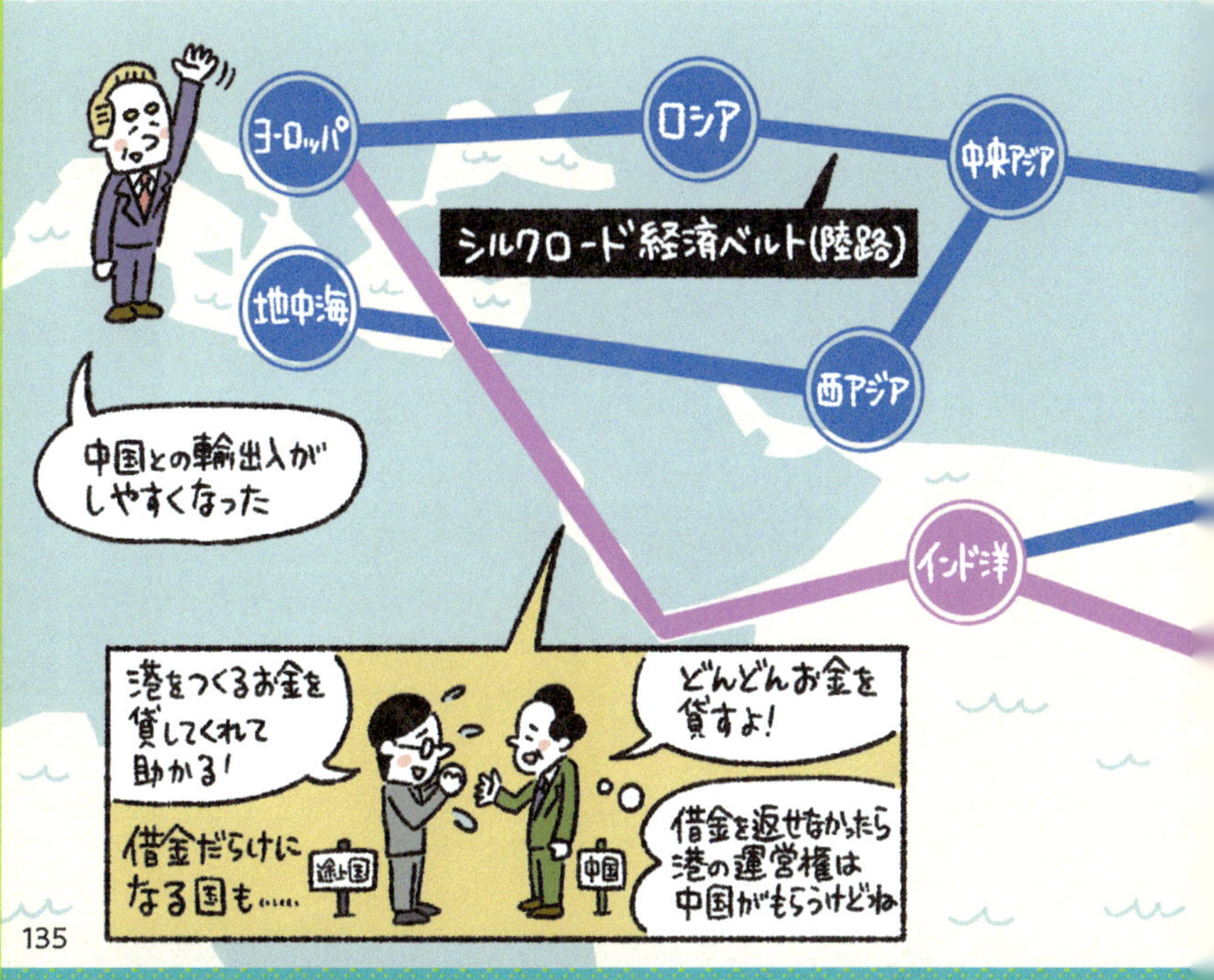

ヨーロッパ
ロシア
中央アジア
シルクロード経済ベルト(陸路)
地中海
西アジア
中国との輸出入が
しやすくなった
インド洋
港をつくるお金を
貸してくれて
助かる!
どんどんお金を
貸すよ!
借金だらけに
なる国も……
途上国
中国
借金を返せなかったら
港の運営権は
中国がもらうけどね

A 30
NSWER

② 一《いっ》帯《たい》一《いち》路《ろ》

ちなみに…

古代《こだい》の中国《ちゅうごく》とヨーロッパを結《むす》んだ交易路《こうえきろ》（シルクロード）をイメージした構想《こうそう》で、「シルクロード経済《けいざい》ベルト」（一帯《いったい》）と「21世紀《せいき》海上《かいじょう》シルクロード」（一路《いちろ》）で構成《こうせい》されます。

中国《ちゅうごく》には材料《ざいりょう》が余《あま》っていた

「一帯一路《いったいいちろ》」と名《な》づけられたこの壮大《そうだい》な構想《こうそう》が周辺国《しゅうへんこく》に比較的《ひかくてき》早《はや》く受《う》け入《い》れられたのは、経済的《けいざいてき》に貧《まず》しい国《くに》が中国《ちゅうごく》とヨーロッパとの間《あいだ》に多《おお》かったからです。

構想《こうそう》がスタートするとき、中国《ちゅうごく》には鉄《てつ》やセメントといった材料《ざいりょう》がたくさん余《あま》っていました。そこで中国《ちゅうごく》は、鉄道《てつどう》や港湾《こうわん》の整備《せいび》のためにこうした貧《まず》しい国々《くにぐに》に多《おお》くのお金《かね》を貸《か》し付《つ》

一帯一路《いったいいちろ》はなぜ始《はじ》まった？

・鉄道高速道路
・港湾施設などの整備
・インフラ建設を支援
・貿易の促進
余った鉄やセメントも
使えるぞ……
中国
セメント
鋼鉄
経済圏を
拡大したい

け、余《あま》った材料《ざいりょう》を売《う》りつけたのです。

「債務《さいむ》のわな」

ところが、中国《ちゅうごく》に貸《か》してもらった多額《たがく》のお金《かね》を返《かえ》せず「借金《しゃっきん》漬《づ》け」になってしまう国《くに》も出《で》てきます。

たとえば、南《みなみ》アジアのスリランカは中国《ちゅうごく》からお金《かね》を借《か》りて大《おお》きな港《みなと》を建設《けんせつ》しました。港《みなと》を利用《りよう》する船《ふね》から得《え》るお金《かね》で借金《しゃっきん》を返《かえ》す予定《よてい》でしたが、うまくいきません。結局《けっきょく》、借金《しゃっきん》を返《かえ》さない代《か》わりに99年《ねん》にわたる港《みなと》の運営権《うんえいけん》を中国《ちゅうごく》に引《ひ》き渡《わた》してしまったのです。

こうした行《ゆ》き過《す》ぎた投資《とうし》は、「債務《さいむ》のわな」と呼《よ》ばれて批判《ひはん》の的《まと》になりました。

日本《にほん》への影響《えいきょう》を考《かんが》えてみよう

一帯一路《いったいいちろ》には現在《げんざい》、南太平洋《みなみたいへいよう》や中南米《ちゅうなんべい》の国《くに》をふくむ約《やく》150か国《こく》、約《やく》30の国際組織《こくさいそしき》が参加《さんか》を表明《ひょうめい》しています。ただし、中国《ちゅうごく》の投資先《とうしさき》がかたよっているため、参加国《さんかこく》にかならずしも経済的《けいざいてき》な恩恵《おんけい》があるわけではありません。G7《ジーセブン》（主要《しゅよう》7か国《こく》）で唯一参加《ゆいいつさんか》していたイタリアは、「効果《こうか》が得《え》られない」として、2023年《ねん》に脱退《だったい》しています。

これで鉄道をつくれる
輸出
途上国
遅れているインフラの整備中国の支援で進めたい
これで港をつくれる
輸出

QUESTION 31

「グローバルサウス」の国《くに》は、次《つぎ》のうちどれ?

① インドネシア

② 北《きた》朝《ちょう》鮮《せん》

③ オーストラリア

対立
G7(先進国)
フランス、アメリカ
イギリス、ドイツ、日本
イタリア、カナダ
もっと関係を深めたい!
支援
太平洋諸国
人口も増えているよ
中南米
(南半球に多い新興国や途上国)

「グローバルサウス」とは？

最近《さいきん》、テレビや新聞《しんぶん》のニュースでよく「グローバルサウス」という言葉《ことば》を見聞《みき》きすることが増《ふ》えました。日本語《にほんご》に直訳《ちょくやく》すると、「世界規模《せかいきぼ》（広範囲《こうはんい》）の南《みなみ》」となりますが、いったいなんのことでしょうか？

世界地図《せかいちず》を見《み》ると、北半球《きたはんきゅう》に日本《にほん》やアメリカ、イギリス、ドイツなど経済《けいざい》が発展《はってん》した「先進国《せんしんこく》」、赤道付近《せきどうふきん》や南半球《みなみはんきゅう》には成長《せいちょう》の途上《とじょう》にある「途上国《とじょうこく》」「新興国《しんこうこく》」が多《おお》くあることに気《き》づくでしょう。グローバルサウスとは、南半球《みなみはんきゅう》を中心《ちゅうしん》としたアジアやアフリカ、中央《ちゅうおう》・南《みなみ》アメリカなどの途上国《とじょうこく》・新興国《しんこうこく》を指《さ》す言葉《ことば》です。

存在感《そんざいかん》を増《ま》す
グローバルサウス
支援
たくさん支援しますよ！
ロシア
中国
連携
経済が
急成長中
中央アジア
アフリカ
インド・
東南アジア
グローバルサウス

A 31 NSWER

① インドネシア

ちなみに…

定義《ていぎ》はあいまいですが、一般《いっぱん》に南半球寄《みなみはんきゅうよ》りの新《しん》興国《こうこく》・途上国《とじょうこく》を「グローバルサウス」と呼《よ》びます。③の「オーストラリア」は南半球《みなみはんきゅう》にありますが、先進国《せんしんこく》でグローバルサウスには該当《がいとう》しません。

なぜ注目《ちゅうもく》されるようになった？

グローバルサウスが注目《ちゅうもく》されるようになったのは、経済《けいざい》が著《いちじる》しく発展《はってん》し、世界《せかい》で大《おお》きな影響力《えいきょうりょく》を持《も》つようになったからです。

グローバルサウスの国々《くにぐに》は、世界《せかい》のGDP《ジーディーピー》（国内総生産《こくないそうせいさん》）の約《やく》40％を占《し》めるまでになっています。一方《いっぽう》、G7《ジーセブン》（主要《しゅよう》7か国《こく》）が占《し》めるG《ジー》DP《ディーピー》の割合《わりあい》は冷戦終結時《れいせんしゅうけつじ》（1989年《ねん》）の約《やく》70％から約《やく》40％に低下《ていか》しました。2050年《ねん》

2023年《ねん》2月《がつ》の国連総会《こくれんそうかい》

ロシア軍をすぐにウクライナから撤退させましょう！
撤退させよう！
撤退しなくていい
棄権します
賛成
141か国
反対
7か国
棄権
32か国
賛成多数で採択
インドをはじめとするロシアと関係が深いグローバルサウスの国々が棄権した

には、グローバルサウスのGDP《ジーディーピー》が米中《べいちゅう》を上回《うわまわ》る規模《きぼ》にまで成長《せいちょう》するそうです。

ロシアと付《つ》き合《あ》いが深《ふか》い国々《くにぐに》

2022年《ねん》2月《がつ》にロシアがウクライナに侵攻《しんこう》した1年後《ねんご》の23年《ねん》2月《がつ》、国連総会《こくれんそうかい》で圧倒的多数《あっとうてきたすう》の国《くに》の賛成《さんせい》でロシアへの経済制裁《けいざいせいさい》が始《はじ》まりました。

ところが、インドや南《みなみ》アフリカなどの国々《くにぐに》は棄権《きけん》しました。グローバルサウスに、ロシアと付《つ》き合《あ》いが深《ふか》い国《くに》が多《おお》いからです。影響力《えいきょうりょく》を強《つよ》めるグローバルサウスと関係《かんけい》を深《ふか》めて仲間《なかま》に引《ひ》き入《い》れようと、G7《ジーセブン》の国々《くにぐに》やロシア・中国《ちゅうごく》の駆《か》け引《ひ》きが続《つづ》いています。

北《きた》と南《みなみ》の経済格差《けいざいかくさ》

豊《ゆた》かな北半球《きたはんきゅう》の国々《くにぐに》、成長《せいちょう》が立《た》ち遅《おく》れた南半球《みなみはんきゅう》の国々《くにぐに》、というような地域《ちいき》による世界《せかい》の経済格差《けいざいかくさ》を「南北問題《なんぼくもんだい》」と呼《よ》びます。その背景《はいけい》には、「南《みなみ》」の国《くに》の多《おお》くがヨーロッパ諸国《しょこく》の植民地《しょくみんち》だったため、経済《けいざい》発展《はってん》が遅《おく》れたことがあります。南《みなみ》半球《はんきゅう》の国々《くにぐに》のなかには、民主主義《みんしゅしゅぎ》（82ページ）が定着《ていちゃく》していない国《くに》や、貧困《ひんこん》や紛争《ふんそう》、環境汚染《かんきょうおせん》などの問題《もんだい》を抱《かか》えた国《くに》も多《おお》くあります。

名目《めいもく》GDP《ジーディーピー》シェアの推移《すいい》

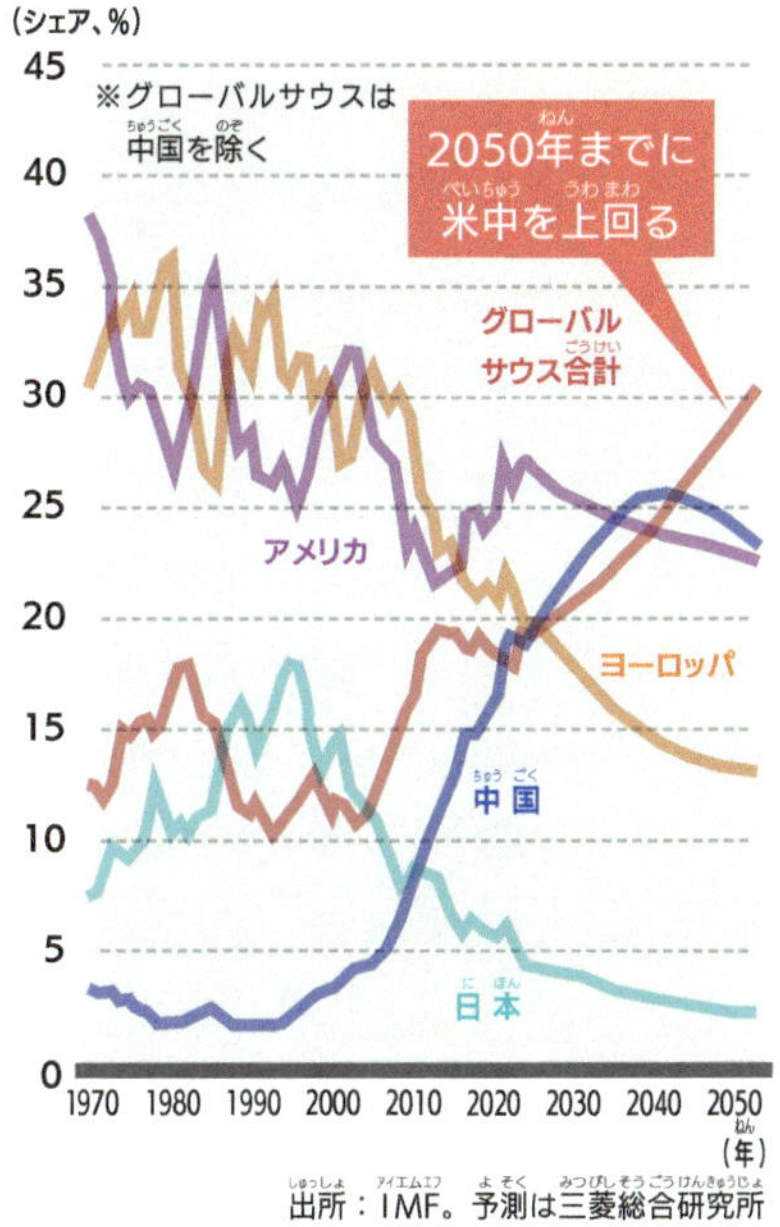
(シェア、%)
45
40
35
30
25
20
15
10
5
0
※グローバルサウスは
中国《ちゅうごく》を除《のぞ》く
2050年《ねん》までに
米中《べいちゅう》を上回《うわまわ》る
グローバル
サウス合計《ごうけい》
アメリカ
ヨーロッパ
中国《ちゅうごく》
日本《にほん》
1970 1980 1990 2000 2010 2020 2030 2040 2050
(年《ねん》)

出所《しゅっしょ》：IMF《アイエムエフ》。予測《よそく》は三菱総合研究所《みつびしそうごうけんきゅうじょ》

「なぜ？」を考《かんが》えるクセをつけよう

「世界《せかい》で何《なに》が起《お》きているのか」を理解《りかい》するには、
ただ暗記《あんき》するのではなく「なぜ?」と深掘《ふかぼ》りして考《かんが》えることが大切《たいせつ》です。

原因《げんいん》・背景《はいけい》と結《むす》びつければ記憶《きおく》に残《のこ》りやすくなる

テレビや新聞《しんぶん》、インターネットなどで日々《ひび》、世界情勢《せかいじょうせい》に関《かん》するさまざまなニュースが報《ほう》じられています。あなたは、そうしたニュースにどのように向《む》き合《あ》っていますか？

「こんなことが起《お》きているのか!」と、世界《せかい》の出来事《できごと》を知《し》ることはもちろん大事《だいじ》です。しかし、それだけでは十分《じゅうぶん》ではありません。一歩《いっぽ》進《すす》んで、「なぜ起《お》きているんだろう?」と、その出来事《できごと》の原因《げんいん》や背景《はいけい》までぜひ考《かんが》えてみてください。

「なぜ?」を考《かんが》えることがどうして大事《だいじ》なのでしょうか。それは、原因《げんいん》や背景《はいけい》と結《むす》びつけて考《かんが》えることで、ただ「暗記《あんき》」するよりも記憶《きおく》に定着《ていちゃく》しやすくなるからです。

入試《にゅうし》の記述問題《きじゅつもんだい》にも「なぜ?」は役《やく》に立《た》つ

中学校《ちゅうがっこう》や高校《こうこう》の入試《にゅうし》では、文章《ぶんしょう》を書《か》く「記述問題《きじゅつもんだい》」が増《ふ》えています。なかでも多《おお》いのが、原因《げんいん》や理由《りゆう》などの「なぜ?」を問《と》う問題《もんだい》です。

だからこそ、「なぜ?」を意識《いしき》しながら日々《ひび》のニュースに触《ふ》れることがとても大事《だいじ》なのです。

もちろん、そのニュースで「なぜ?」の答《こた》えが出《で》てくるとは限《かぎ》りません。そんなときは、疑問《ぎもん》に思《おも》ったことを本《ほん》やインターネットなどで調《しら》べてみましょう。家族《かぞく》や友達《ともだち》、先生《せんせい》などと話《はな》し合《あ》ってみるのもいいでしょう。

大切《たいせつ》なのは、世《よ》の中《なか》で起《お》きている出来事《できごと》を、「自分《じぶん》の言葉《ことば》」で説明《せつめい》できるようになることです。要点《ようてん》を自分《じぶん》なりにまとめてみるのもいいでしょう。たとえ最終的《さいしゅうてき》に答《こた》えが見《み》つからなくても、自分《じぶん》で考《かんが》えてみることが「力《ちから》」になっていきます。

第《だい》6章《しょう》

「資《し》源《げん》と未《み》来《らい》」の世《せ》界《かい》情《じょう》勢《せい》

世界《せかい》の国々《くにぐに》が豊《ゆた》かになるとともに、地球規模《ちきゅうきぼ》の問題《もんだい》がたくさん引《ひ》き起《お》こされています。石油《せきゆ》や人口問題《じんこうもんだい》、地球温暖化《ちきゅうおんだんか》など、「資《し》源《げん》」と「未来《みらい》」に関《かか》わる話題《わだい》を取《と》り上《あ》げます。

QUESTION 32

日本《にほん》が輸入《ゆにゅう》している石油《せきゆ》のなかで中東産《ちゅうとうさん》が占《し》める割合《わりあい》は?

① 3割《わり》以下《いか》

② 約《やく》6割《わり》

③ 9割《わり》以上《いじょう》

生活《せいかつ》に欠《か》かせない便利《べんり》なエネルギー

「石油《せきゆ》」と聞《き》いて、何《なに》をイメージするでしょうか。石油《せきゆ》は車《くるま》のガソリンやストーブの燃料《ねんりょう》だけではなく、プラスチック製品《せいひん》や衣類《いるい》、火力発電所《かりょくはつでんしょ》の燃料《ねんりょう》などさまざまな用途《ようと》で利用《りよう》されています。

地中《ちちゅう》から取《と》り出《だ》されたばかりの黒《くろ》っぽい色《いろ》をした石油《せきゆ》を「原油《げんゆ》」といい、それをタンカーで運《はこ》び、石油精製工場《せきゆせいせいこうじょう》でガソリンやナフサといった性質《せいしつ》の違《ちが》う油《あぶら》などに分《わ》けています。

日本《にほん》では、原油《げんゆ》はほとんど産出《さんしゅつ》されません。原油《げんゆ》がたくさんとれるのは、中東《ちゅうとう》やロシアなど、世界《せかい》のなかの一部《いちぶ》の地域《ちいき》です。

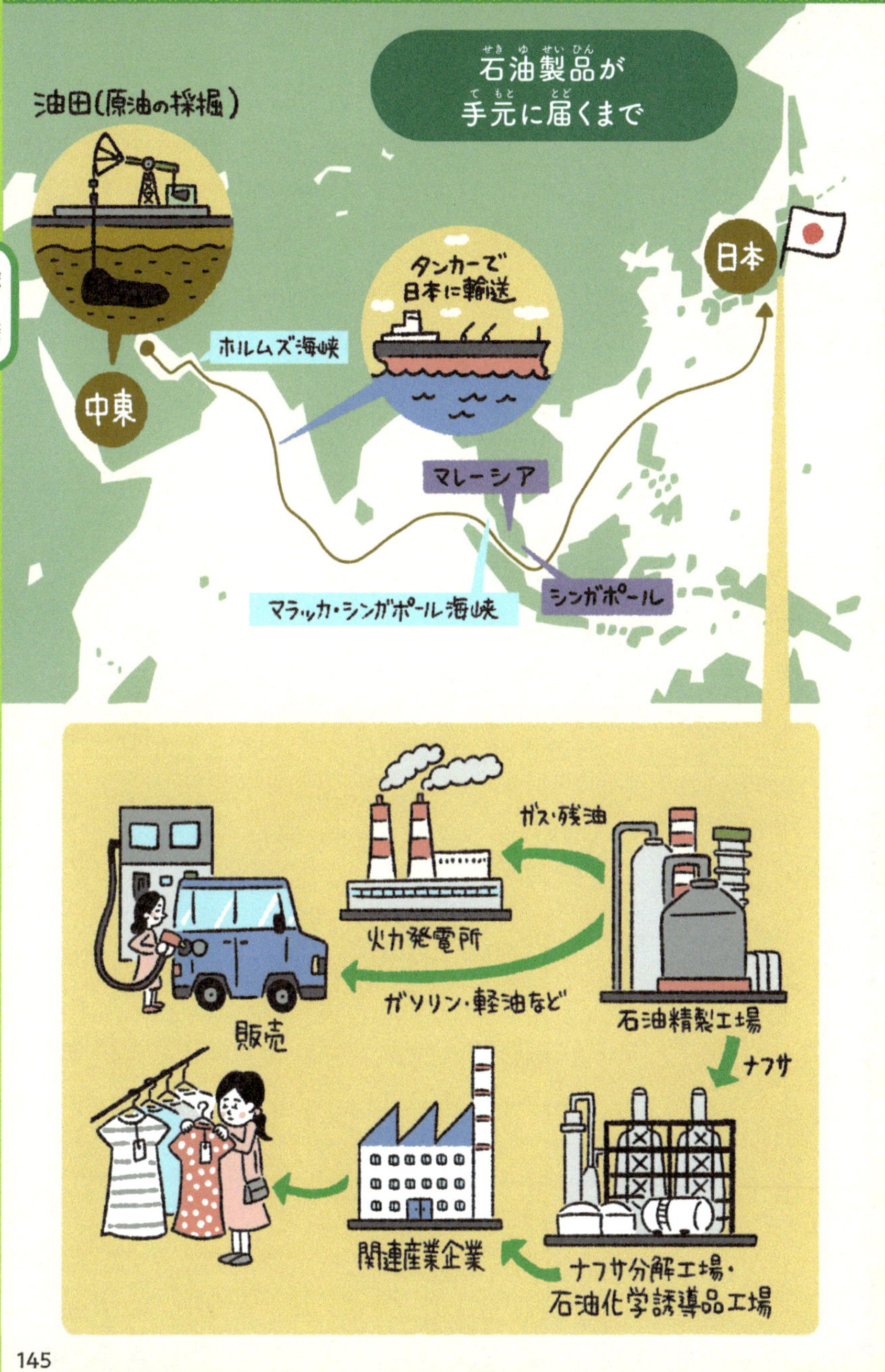
石油製品《せきゆせいひん》が
手元《てもと》に届《とど》くまで
油田（原油の採掘）
中東
ホルムズ海峡
タンカーで
日本に輸送
マレーシア
シンガポール
マラッカ・シンガポール海峡
日本
ガス・残油
火力発電所
石油精製工場
ガソリン・軽油など
販売
ナフサ
関連産業企業
ナフサ分解工場・
石油化学誘導品工場

A32 NSWER

③ 9割《わり》以《い》上《じょう》

ちなみに…

石油《せきゆ》の95・2％をサウジアラビアなど中東《ちゅうとう》の国《くに》から輸入《ゆにゅう》しています。日本《にほん》は石油《せきゆ》の99・8％、石《せき》炭《たん》の99・3％、天然《てんねん》ガスの97・5％を輸入《ゆにゅう》に頼《たよ》っています。

中東《ちゅうとう》に依存《いぞん》する日本《にほん》の石油《せきゆ》

日本《にほん》は国内《こくない》で使《つか》う石油《せきゆ》の99％以上《いじょう》を輸入《ゆにゅう》に頼《たよ》っていて、その約《やく》95％はサウジアラビアなどの中東《ちゅうとう》から輸入《ゆにゅう》しています。中東《ちゅうとう》が世界有数《せかいゆうすう》の産油国《さんゆこく》であり、ほかの産油国《さんゆこく》に比《くら》べて距離《きょり》が近《ちか》く、輸送《ゆそう》にかかるお金《かね》も抑《おさ》えられるというのが大《おお》きな理由《りゆう》です。

石油《せきゆ》がほとんど産出《さんしゅつ》されない日本《にほん》にとって、輸入《ゆにゅう》に頼《たよ》るのはしかたがないことです。

日本《にほん》の原油《げんゆ》輸入先《ゆにゅうさき》（2022年度《ねんど》）

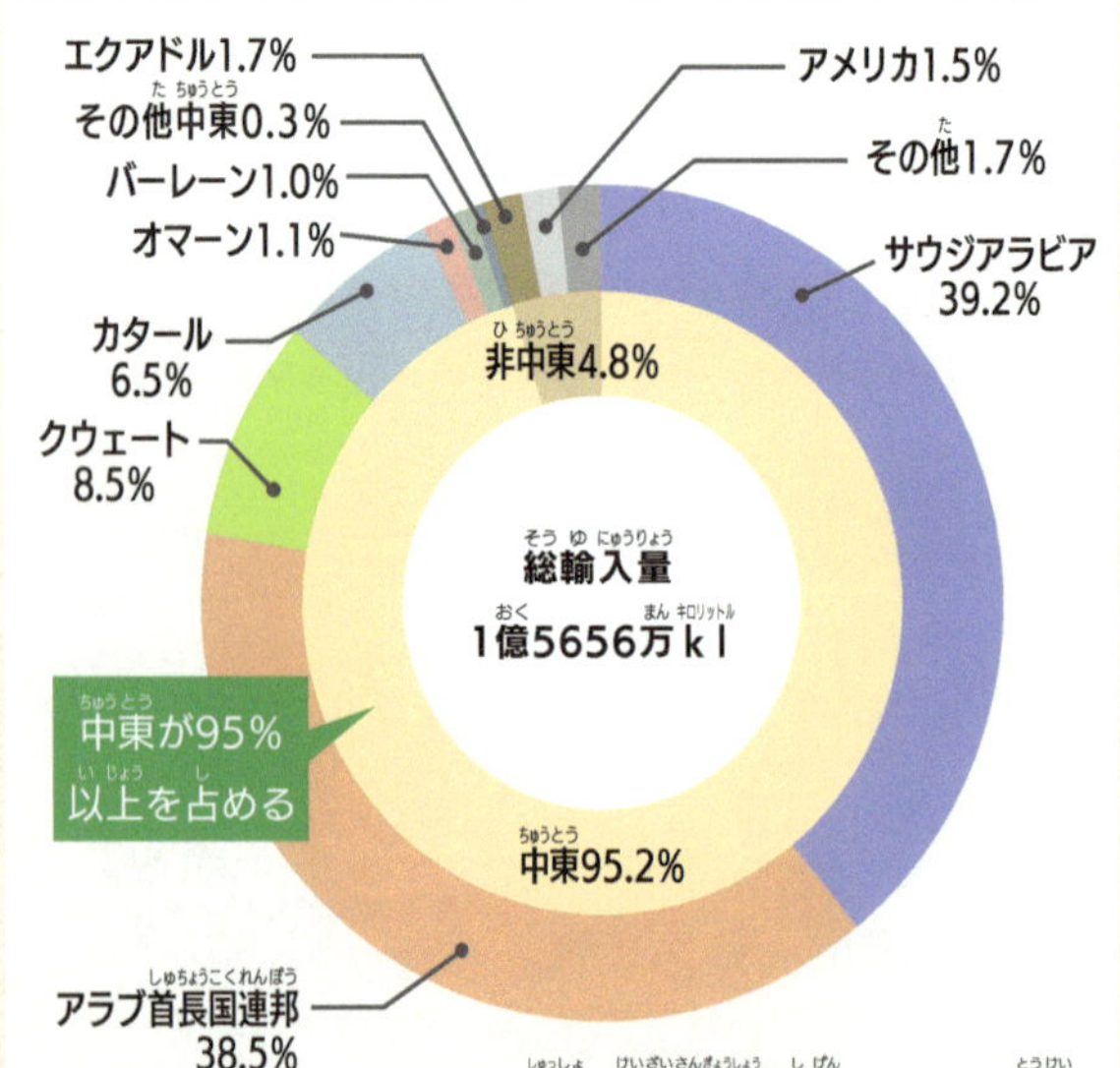
エクアドル1.7%
その他中東《たちゅうとう》0.3%
バーレーン1.0%
オマーン1.1%
カタール 6.5%
クウェート 8.5%
アメリカ1.5%
その他《た》1.7%
サウジアラビア 39.2%
非中東《ひちゅうとう》4.8%
総輸入量《そうゆにゅうりょう》
1億《おく》5656万《まん》kl《キロリットル》
中東《ちゅうとう》が95%以上《いじょう》を占める
中東《ちゅうとう》95.2%
アラブ首長国連邦《しゅちょうこくれんぽう》 38.5%

出所《しゅっしょ》：経済産業省《けいざいさんぎょうしょう》「資源《しげん》・エネルギー統計《とうけい》」

しかし、中東《ちゅうとう》にエネルギーを依存《いぞん》していることで起《お》きてしまう問題《もんだい》もあります。

日本《にほん》を襲《おそ》ったオイルショック

いまから50年《ねん》ほど前《まえ》、中東戦争《ちゅうとうせんそう》をきっかけに「中東《ちゅうとう》の石油《せきゆ》が手《て》に入《はい》らなくなるかもしれない」という恐怖《きょうふ》が世界《せかい》をおそい、物価高《ぶっかだか》や不況《ふきょう》が広《ひろ》がりました。

これが、学校《がっこう》の教科書《きょうかしょ》にものっている「オイルショック（石油危機《せきゆきき》）」です。

中東《ちゅうとう》にエネルギーを依存《いぞん》しすぎると、中東《ちゅうとう》で戦争《せんそう》などが起《お》こって原油価格《げんゆかかく》が値上《ねあ》がりしたり、石油《せきゆ》が供給《きょうきゅう》されなくなったりしたら、日本《にほん》は大《おお》きな影響《えいきょう》を受《う》けてしまいます。テレビなどでよくニュースになる中東情勢《ちゅうとうじょうせい》は、日本《にほん》にとってひとごとではないのです。

石油《せきゆ》を安定的《あんていてき》に供給《きょうきゅう》してもらうために中東各国《ちゅうとうかっこく》との関係《かんけい》を強《つよ》め、中東情勢《ちゅうとうじょうせい》が安定《あんてい》するために協力《きょうりょく》することが、日本《にほん》にとって重要《じゅうよう》なのです。

消《き》えたトイレットペーパー

1973（昭和《しょうわ》48）年《ねん》のオイルショックでは、日本《にほん》では買《か》い占《し》めが起《お》きてスーパーの店頭《てんとう》からトイレットペーパーが消《き》えました。原油価格《げんゆかかく》が急激《きゅうげき》に上《あ》がることで、「機械《きかい》を動《うご》かす油《あぶら》がなくなり、トイレットペーパーが手《て》に入《はい》らなくなる」といううわさが広《ひろ》がり、多《おお》くの人《ひと》がわれ先《さき》にと買《か》いに走《はし》って大《だい》パニックになったのです。

QUESTION 33

2080年代《ねんだい》に地球《ちきゅう》の人口《じんこう》は何億人《なんおくにん》になると予想《よそう》されている?

①約《やく》80億人《おくにん》

②約《やく》100億人《おくにん》

③約《やく》120億人《おくにん》

わずか12年《ねん》で10億《おく》人《にん》増《ふ》えた

世界《せかい》の人口《じんこう》は、19世紀《せいき》の初《はじ》めには10億人《おくにん》程《てい》度《ど》でした。20世紀《せいき》に入《はい》ると人口《じんこう》が急増《きゅうぞう》して60億人《おくにん》に達《たっ》し、2010（平成《へいせい》22）年《ねん》には70億《おく》人《にん》、そのわずか12年後《ねんご》の2022（令和《れいわ》4）年《ねん》には80億人《おくにん》を突破《とっぱ》しました。

これほど人口《じんこう》が増《ふ》えた背景《はいけい》には、医療《いりょう》の進《しん》歩《ぽ》や公衆衛生《こうしゅうえいせい》の向上《こうじょう》で母子《ぼし》の死亡率《しぼうりつ》が低下《ていか》し、平均寿命《へいきんじゅみょう》が延《の》びたことがあります。

人口《じんこう》の増加《ぞうか》は、労働人口《ろうどうじんこう》が増《ふ》えて市場《しじょう》が拡《かく》大《だい》するなどプラスの面《めん》もあります。一方《いっぽう》で、エネルギー資源《しげん》や食糧《しょくりょう》、水《みず》の不足《ふそく》、不平等《ふびょうどう》などの問題《もんだい》が大《おお》きくなる可能性《かのうせい》もあるのです。

人口《じんこう》が増《ふ》えすぎると何《なに》が問題《もんだい》？

エネルギー資源の枯渇
灯油が手に入らない
飲み水が足りない
水不足

A33 NSWER

② 約《やく》100億《おく》人《にん》

ちなみに…

世界《せかい》の人口《じんこう》は、2080年代《ねんだい》のなかばに約《やく》103億《おく》人《にん》でピークを迎《むか》えると国連《こくれん》が予測《よそく》しています。2100年《ねん》ごろは約《やく》102億《おく》人《にん》で、10年前《ねんまえ》の予測《よそく》より7億《おく》人《にん》も少《すく》ない計算《けいさん》です。

増《ふ》えるアフリカの人口《じんこう》

現在《げんざい》の世界人口《せかいじんこう》は約《やく》82億人《おくにん》で、人口《じんこう》が多《おお》い国《くに》の第《だい》1位《い》は約《やく》14億《おく》5000万人《まんにん》のインド、第《だい》2位《い》は約《やく》14億《おく》2000万人《まんにん》の中国《ちゅうごく》、第《だい》3位《い》は約《やく》3億《おく》5000万人《まんにん》のアメリカ（2024年《ねん》）。世界人口《せかいじんこう》のじつに60%近《ちか》くをアジアが占《し》めています。

今後《こんご》、急激《きゅうげき》に人口《じんこう》が増加《ぞうか》すると見込《みこ》まれているのはアフリカの国々《くにぐに》です。

世界人口《せかいじんこう》の推移《すいい》

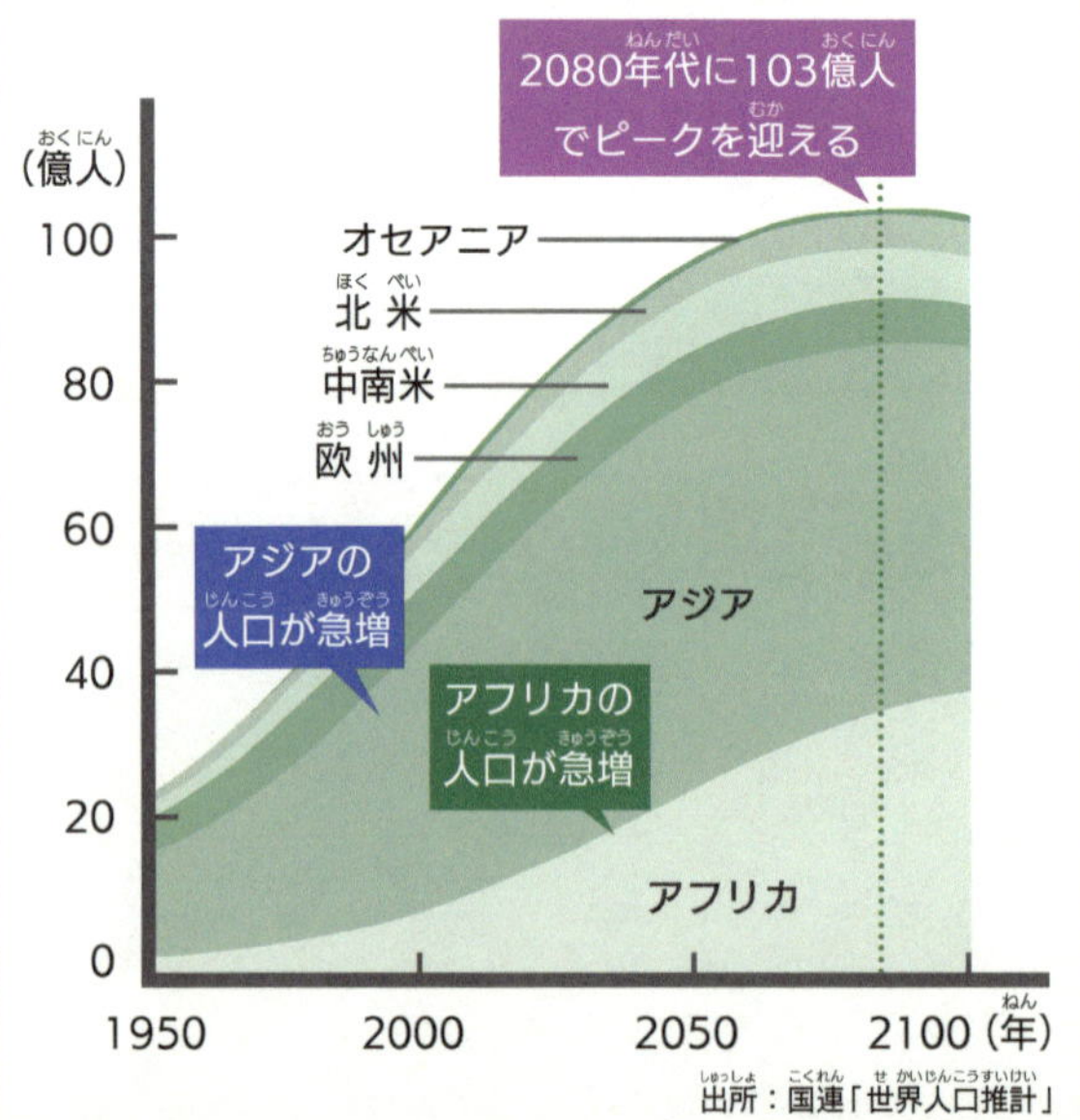

2080年代《ねんだい》に103億人《おくにん》でピークを迎《むか》える
(億人《おくにん》)
100
80
60
40
20
0
オセアニア
北米《ほくべい》
中南米《ちゅうなんべい》
欧州《おうしゅう》
アジアの人口《じんこう》が急増《きゅうぞう》
アジア
アフリカの人口《じんこう》が急増《きゅうぞう》
アフリカ
1950
2000
2050
2100 (年《ねん》)

出所《しゅっしょ》：国連《こくれん》「世界人口推計《せかいじんこうすいけい》」

ナイジェリアやエチオピア、コンゴ民《みん》主共和国《しゅきょうわこく》などサハラ砂漠以南《さばくいなん》にある国《くに》の人口爆発《じんこうばくはつ》が続《つづ》き、2050年《ねん》までに24億《おく》人《にん》に達《たっ》して世界人口《せかいじんこう》の4分《ぶん》の1を占《し》めるまでになるといわれています。

世界人口《せかいじんこう》のピークはいつ？

世界《せかい》の人口《じんこう》は、果《は》たしてどこまで増《ふ》え続《つづ》けるのでしょうか。

国連《こくれん》が2024（令和《れいわ》6）年《ねん》7月《がつ》に発表《はっぴょう》した推計《すいけい》によると、世界人口《せかいじんこう》は2080年代《ねんだい》なかばの約《やく》103億人《おくにん》でピークを迎《むか》えたのち、徐々《じょじょ》に減少《げんしょう》して2100年《ねん》には約《やく》102億《おく》人《にん》になるそうです。

人口上位《じんこうじょうい》10か国《こく》の将来予想《しょうらいよそう》

	2054年《ねん》		2100年《ねん》	
順位《じゅんい》	国名《こくめい》	人数《にんずう》（億人《おくにん》）	国名《こくめい》	人数《にんずう》（億人《おくにん》）
1	インド	16.92	インド	15.50
2	中国《ちゅうごく》	12.15	中国《ちゅうごく》	6.33
3	パキスタン	3.89	パキスタン	5.11
4	アメリカ	3.84	ナイジェリア	4.77
5	ナイジェリア	3.76	コンゴ民主共和国《みんしゅきょうわこく》	4.31
6	インドネシア	3.22	アメリカ	4.21
7	エチオピア	2.40	エチオピア	3.67
8	コンゴ民主共和国《みんしゅきょうわこく》	2.38	インドネシア	2.96
9	バングラデシュ	2.19	タンザニア	2.63
10	ブラジル	2.15	バングラデシュ	2.10

出所《しゅっしょ》：国連《こくれん》「世界人口推計《せかいじんこうすいけい》」

インドの人口《じんこう》が中国《ちゅうごく》を抜《ぬ》いた背景《はいけい》

インドの人口《じんこう》は2023年《ねん》に中国《ちゅうごく》を抜《ぬ》き、世界一《せかいいち》になりました。中国《ちゅうごく》では、1960年《ねん》ごろに餓死者《がししゃ》が多《おお》く出《で》た反動《はんどう》で人口《じんこう》が爆発的《ばくはつてき》に増《ふ》えたため、夫婦《ふうふ》が産《う》める子《こ》どもの数《かず》を1人《ひとり》に制限《せいげん》する「一人《ひとり》っ子政策《こせいさく》」を導入《どうにゅう》。いまは緩和《かんわ》されていますが、その政策《せいさく》の影響《えいきょう》で2022年《ねん》には人口《じんこう》が減少《げんしょう》し始《はじ》め、インドに逆転《ぎゃくてん》されたのです。

QUESTION Q34

温暖化《おんだんか》で南極《なんきょく》の氷《こおり》が全部《ぜんぶ》溶《と》けてしまったら、地球《ちきゅう》の海面《かいめん》はどれくらい上昇《じょうしょう》する？

① 60センチ

② 6メートル

③ 60メートル

地球《ちきゅう》が"沸騰《ふっとう》"している!?

最近《さいきん》、外《そと》に出《で》ることさえ危険《きけん》な猛暑《もうしょ》の日《ひ》が増《ふ》えています。日本《にほん》だけではありません。地《ち》球《きゅう》の平均気温《へいきんきおん》は上《あ》がり続《つづ》けていて、150年《ねん》前《まえ》と比《くら》べておよそ1・1℃も上昇《じょうしょう》しています。

地球《ちきゅう》は太陽《たいよう》の光《ひかり》によって暖《あたた》められ、熱《ねつ》は宇《う》宙《ちゅう》へと逃《に》げていきます。しかし、二酸化炭素《にさんかたんそ》などの「温室効果《おんしつこうか》ガス」が増《ふ》えると出《で》ていくはずの熱《ねつ》を大気中《たいきちゅう》に閉《と》じ込《こ》めてしまい、その結果《けっか》、地球《ちきゅう》が熱《あつ》くなっているのです。

「地球温暖化《ちきゅうおんだんか》」は異常気象《いじょうきしょう》や海面《かいめん》の上昇《じょうしょう》、食《しょく》料不足《りょうぶそく》など、地球《ちきゅう》の環境《かんきょう》にさまざまな影響《えいきょう》をおよぼします。

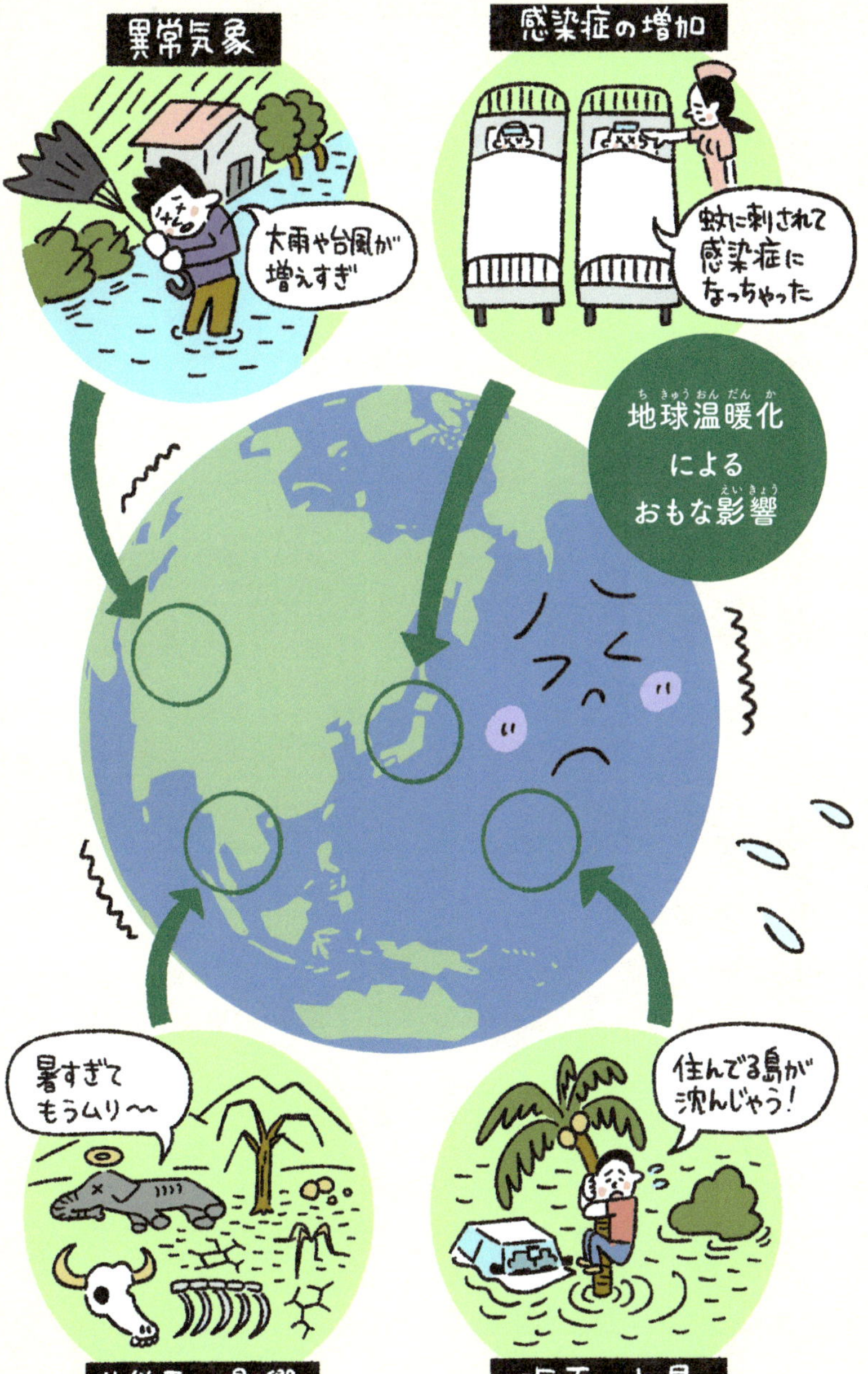
地球温暖化《ちきゅうおんだんか》
による
おもな影響《えいきょう》
異常気象
大雨や台風が
増えすぎ
感染症の増加
蚊に刺されて
感染症に
なっちゃった
生態系への影響
暑すぎて
もうムリ〜
海面の上昇
住んでる島が
沈んじゃう！

「便利《べんり》で快適《かいてき》」が生《う》み出《だ》した温暖化《おんだんか》

二酸化炭素《にさんかたんそ》などの温室効果《おんしつこうか》ガスが増《ふ》えた原因《げんいん》は、人間《にんげん》の生活《せいかつ》の変化《へんか》にあります。

自動車《じどうしゃ》や飛行機《ひこうき》は石油《せきゆ》を燃《も》やして大量《たいりょう》の二酸化炭素《にさんかたんそ》を出《だ》しますし、暮《く》らしに欠《か》かせない火力発電《かりょくはつでん》も大量《たいりょう》に二酸化炭素《にさんかたんそ》を排出《はいしゅつ》します。

一方《いっぽう》で、二酸化炭素《にさんかたんそ》を吸収《きゅうしゅう》してくれる森林《しんりん》は、農地《のうち》や材料《ざいりょう》を得《え》るために次々《つぎつぎ》に伐採《ばっさい》されてきました。人間《にんげん》がより便利《べんり》で快適《かいてき》な生活《せいかつ》を求《もと》め

東京都《とうきょうと》の猛暑日《もうしょび》（35℃以上《いじょう》）の日数

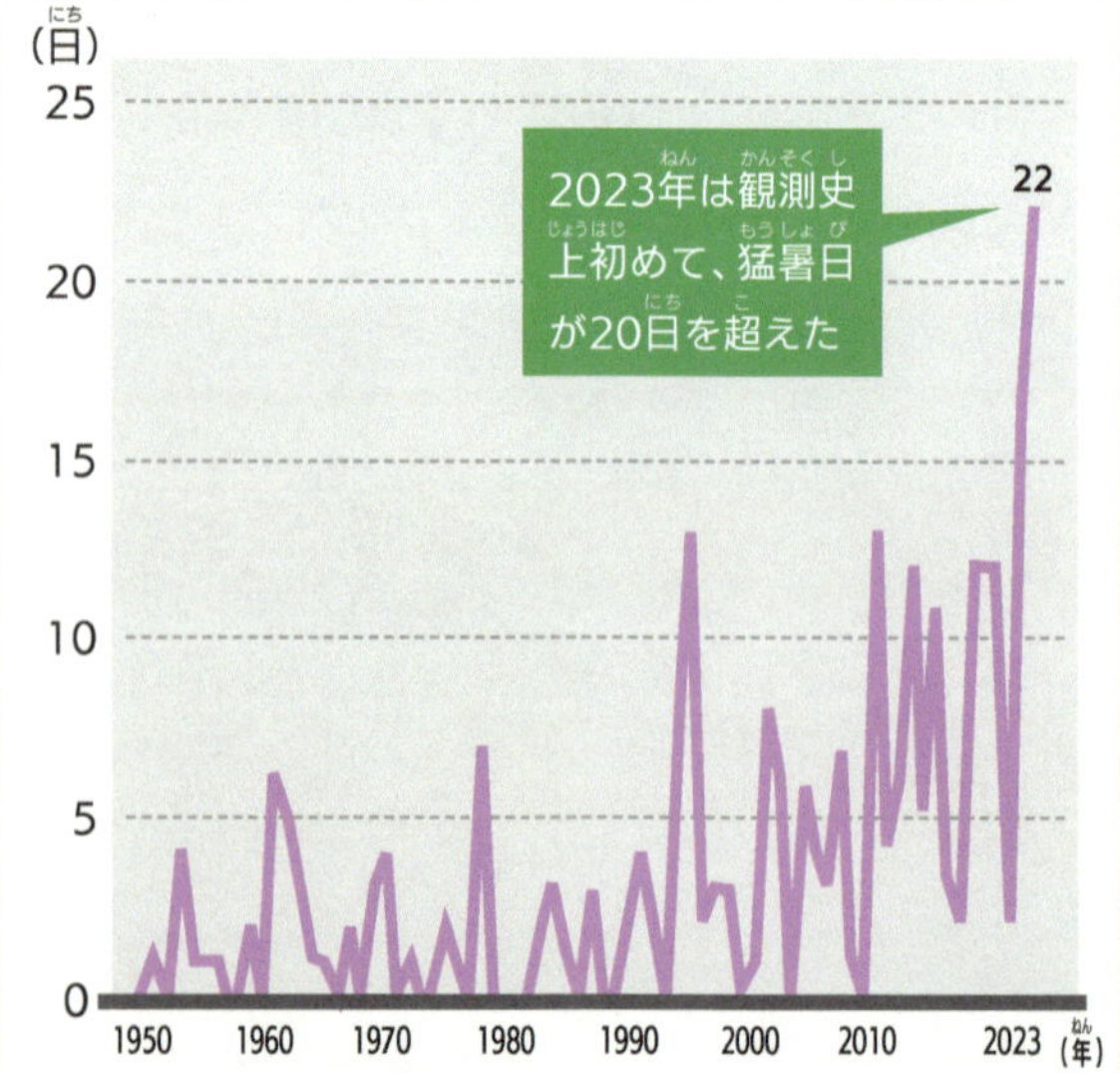
(日《にち》)
25
20
15
10
5
0
2023年《ねん》は観測史《かんそくし》上初《じょうはじ》めて、猛暑日《もうしょび》が20日《にち》を超《こ》えた
22
1950
1960
1970
1980
1990
2000
2010
2023
(年《ねん》)

出所《しゅっしょ》：気象庁《きしょうちょう》

A34 NSWER

③ 60メートル

ちなみに…

地球上《ちきゅうじょう》の氷《こおり》の約《やく》90％が南極大陸《なんきょくたいりく》にあります。もし南極《なんきょく》の氷《こおり》がすべて溶《と》けてしまうと、世界《せかい》の海面《かいめん》は60メートル（建物《たてもの》20階《かい》ぶんの高《たか》さ）も上昇《じょうしょう》するといわれています。

た結果《けっか》、温暖化《おんだんか》が引《ひ》き起《お》こされたのです。

このままだと地球《ちきゅう》が危《あぶ》ない！

このまま温暖化《おんだんか》が進《すす》むと、南極《なんきょく》や北極《ほっきょく》の氷《こおり》が溶《と》け、海水《かいすい》が膨張《ぼうちょう》して海面《かいめん》が上昇《じょうしょう》します。標高《ひょうこう》の低《ひく》い太平洋《たいへいよう》の島々《しまじま》は、水没《すいぼつ》してしまうかもしれません。

さらに干《かん》ばつや大雨《おおあめ》などの災害《さいがい》が増《ふ》えて、食料生産《しょくりょうせいさん》にも影響《えいきょう》が出《で》ます。熱帯地域《ねったいちいき》が拡大《かくだい》すれば、蚊《か》に刺《さ》されることで感染《かんせん》するデング熱《ねつ》などの感染症《かんせんしょう》も広《ひろ》がっていきます。

地球環境《ちきゅうかんきょう》を守《まも》るために、温室効果《おんしつこうか》ガスの排《はい》出《しゅつ》を減《へ》らす努力《どりょく》を続《つづ》けていかなければならないのです。

2100年8月●日の気温は……
本日の最高気温
41
札幌
42
42
仙台
新潟
東京
42
福岡
大阪
名古屋
高知
44
44
42
42
43
那覇

日本《にほん》の2100年《ねん》はどうなる？

環境省《かんきょうしょう》がこのまま温暖化《おんだんか》が進《すす》んだ場合《ばあい》の「2100年《ねん》の未来《みらい》の天《てん》気予報《きよほう》」を発表《はっぴょう》しています。8月《がつ》には札幌《さっぽろ》を含《ふく》めた全国《ぜんこく》の観測地《かんそくち》点《てん》の約《やく》2割《わり》で最高気温《さいこうきおん》が40℃を超《こ》え、国内《こくない》での１年間《ねんかん》の熱中《ねっちゅう》症《しょう》による死者《ししゃ》は1万《まん》5000人《にん》を超《こ》えると予想《よそう》しています。真冬《まふゆ》でも東京《とうきょう》の最高気温《さいこうきおん》は26℃の夏日《なつび》となるそうです。

QUESTION 35

カーボンニュートラルとは、何《なに》を減《へ》らす取《と》り組《く》みのこと?

①
酸素《さんそ》

②
二酸化炭素《にさんかたんそ》

③
窒素《ちっそ》

温室効果ガスによる温暖化
現在
大量の二酸化炭素
二酸化炭素の排出量
二酸化炭素の吸収量
植物が二酸化炭素を吸収

温《おん》暖《だん》化《か》を止《と》める取《と》り組《く》み

大雨《おおあめ》や熱波《ねっぱ》、干《かん》ばつなど、世界《せかい》のあちこちで異常気象《いじょうきしょう》が発生《はっせい》して人々《ひとびと》の暮《く》らしに大《おお》きな影響《えいきょう》をおよぼしています。その原因《げんいん》とされる地球温暖化《ちきゅうおんだんか》を食《く》い止《と》めるには、1つの国《くに》だけではなく世界各国《せかいかっこく》が協力《きょうりょく》する必要《ひつよう》があります。

2015年《ねん》に採択《さいたく》されたパリ協定《きょうてい》では、「産《さん》業革命《ぎょうかくめい》（18世紀後半《せいきこうはん》にイギリスで起《お》きた技術革新《ぎじゅつかくしん》）前《まえ》からの気温上昇《きおんじょうしょう》を2℃未満《みまん》に抑《おさ》え、さらに1・5℃以内《いない》にするように努力《どりょく》する」と目標《もくひょう》が定《さだ》められました。できるだけ早《はや》くに、できるだけ多《おお》くの二酸化炭素排出量《にさんかたんそはいしゅつりょう》を減《へ》らすため、世界《せかい》の国々《くにぐに》が取《と》り組《く》みを始《はじ》めています。

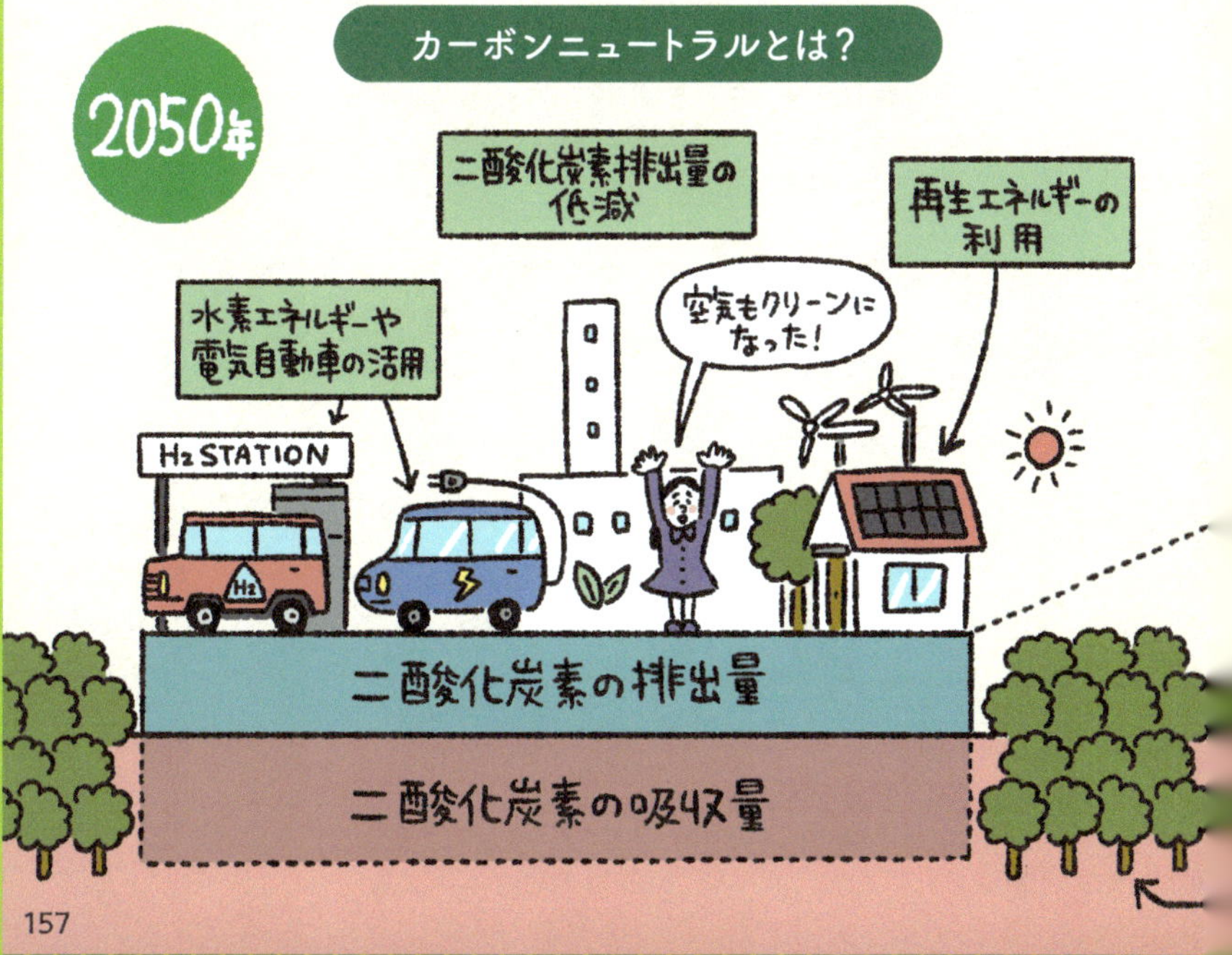
カーボンニュートラルとは？
2050年
二酸化炭素排出量の低減
再生エネルギーの利用
水素エネルギーや電気自動車の活用
空気もクリーンになった！
H2 STATION
二酸化炭素の排出量
二酸化炭素の吸収量

② 二《に》酸《さん》化《か》炭《たん》素《そ》

ちなみに…

「温室効果《おんしつこうか》ガスの排出量《はいしゅつりょう》を減《へ》らす」「出《だ》した温室《おんしつ》効果《こうか》ガスを回収《かいしゅう》する」ことで、空気中《くうきちゅう》に出《だ》される二酸化炭素《にさんかたんそ》などの温室効果《おんしつこうか》ガスの量《りょう》を全体《ぜんたい》でゼロにする取《と》り組《く》みのことです。

二《に》酸《さん》化《か》炭《たん》素《そ》排《はい》出《しゅつ》量《りょう》を実《じっ》質《しつ》ゼロに

気温上昇《きおんじょうしょう》を1・5℃以内《いない》に抑《おさ》えるには、2030年《ねん》ごろまでに二酸化炭素《にさんかたんそ》などの温室《おんしつ》効果《こうか》ガスの排出量《はいしゅつりょう》を半分《はんぶん》に、2050年《ねん》ごろに「実質《じっしつ》ゼロ」にする必要《ひつよう》があるとされています。

実質《じっしつ》ゼロとは、人《ひと》の活動《かつどう》で排出《はいしゅつ》された二《に》酸化炭素《さんかたんそ》の量《りょう》から、森林《しんりん》などの二酸化炭素《にさんかたんそ》吸収量《きゅうしゅうりょう》を差《さ》し引《ひ》いた値《あたい》を「ゼロ」にすること。

世界《せかい》の平均《へいきん》気温上昇《きおんじょうしょう》の予測《よそく》

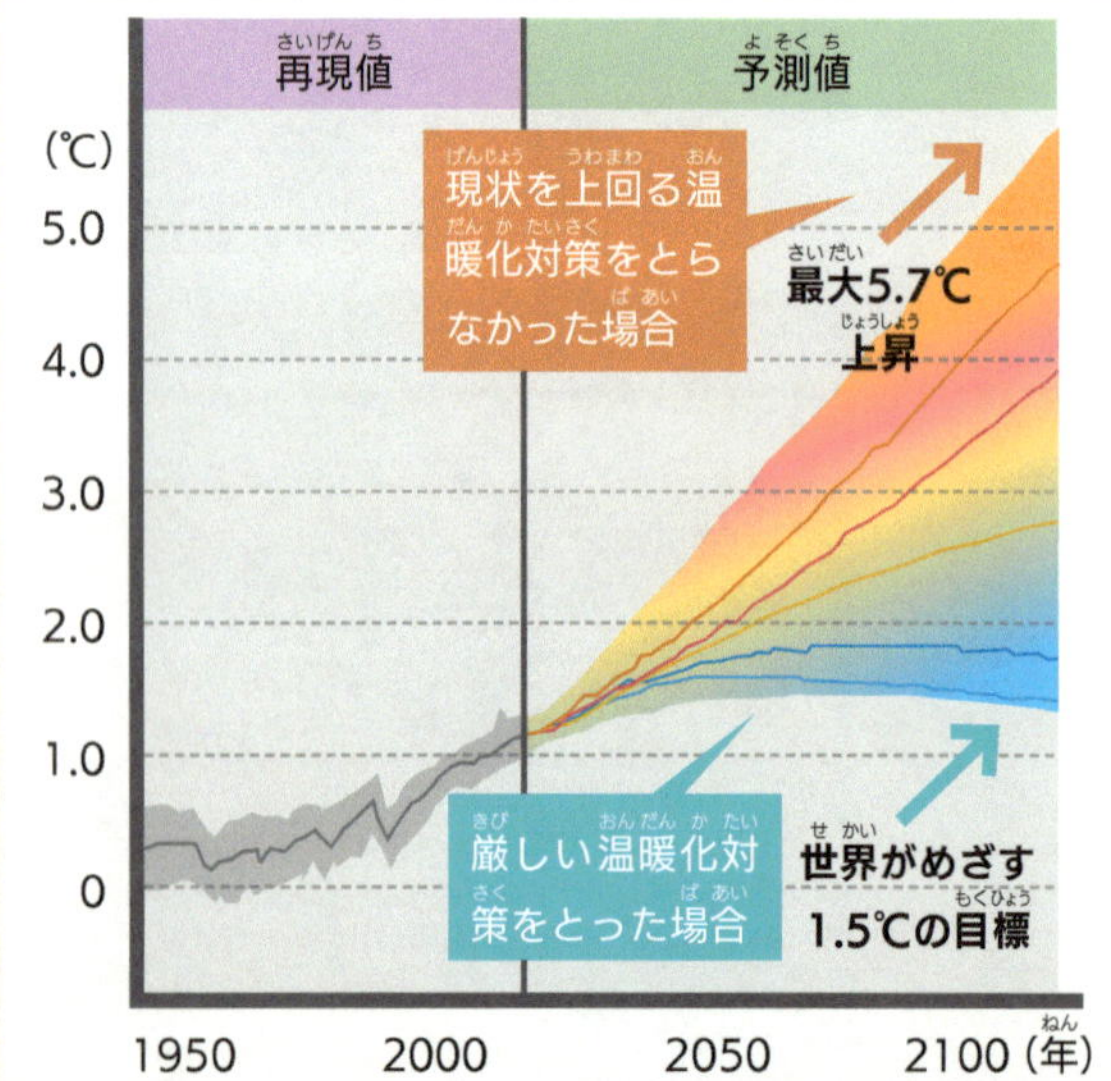

再現値《さいげんち》
予測値《よそくち》
(℃)
5.0
4.0
3.0
2.0
1.0
0
現状《げんじょう》を上回《うわまわ》る温《おん》暖化対策《だんかたいさく》をとらなかった場合《ばあい》
最大《さいだい》5.7℃上昇《じょうしょう》
厳《きび》しい温暖化対《おんだんかたい》策《さく》をとった場合《ばあい》
世界《せかい》がめざす1.5℃の目標《もくひょう》
1950
2000
2050
2100
(年《ねん》)

出所《しゅっしょ》：IPCC《アイピーシーシー》「第《だい》6次評価報告書《じひょうかほうこくしょ》」

「カーボンニュートラル」ともいいます。

日本《にほん》やアメリカ、ヨーロッパなど120か国《こく》以上《いじょう》が、温室効果《おんしつこうか》ガスの排出量《はいしゅつりょう》を2050年《ねん》までに実質《じっしつ》ゼロにすると表明《ひょうめい》。世界最大《せかいさいだい》の二酸化炭素排出国《にさんかたんそはいしゅつこく》である中国《ちゅうごく》も、2060年《ねん》までの実質《じっしつ》ゼロを打《う》ち出《だ》しました。

地球《ちきゅう》にやさしい再生可能《さいせいかのう》エネルギー

カーボンニュートラルのカギといわれているのが、地球環境《ちきゅうかんきょう》に対《たい》して影響《えいきょう》の少《すく》ない太陽光《たいようこう》や風力《ふうりょく》などの「再生可能《さいせいかのう》エネルギー」です。

日本《にほん》は再生可能《さいせいかのう》エネルギーの発電所《はつでんしょ》を増《ふ》やし、建物《たてもの》の断熱性《だんねつせい》を高《たか》めるなど、省《しょう》エネ対策《たいさく》を徹底《てってい》することで実質《じっしつ》ゼロをめざす方針《ほうしん》です。

進《すす》む“脱《だつ》”石炭火力発電《せきたんかりょくはつでん》

多《おお》くの先進国《せんしんこく》は、二酸化炭素《にさんかたんそ》の排出量《はいしゅつりょう》が多《おお》い石炭火力発電所《せきたんかりょくはつでんしょ》の廃止《はいし》をめざしています。2024年《ねん》9月《がつ》にはイギリスがG7《ジーセブン》（主要《しゅよう》7か国《こく》）で初《はじ》めて、石炭火力発電所《せきたんかりょくはつでんしょ》を全廃《ぜんぱい》しました。石炭火力《せきたんかりょく》による発電《はつでん》が約《やく》3割《わり》を占《し》める日本《にほん》は、段階的《だんかいてき》にその割合《わりあい》を減《へ》らすものの、完全《かんぜん》にはなくすことはできないという考《かんが》えです。

おもな再生可能《さいせいかのう》エネルギー

地熱発電《ちねつはつでん》
水力発電《すいりょくはつでん》
太陽光発電《たいようこうはつでん》
風力発電《ふうりょくはつでん》
バイオマス発電《はつでん》

いろいろな方法《ほうほう》で情報収集《じょうほうしゅうしゅう》をしよう

世界情勢《せかいじょうせい》や時事問題《じじもんだい》について調《しら》べるときなどに、便利《べんり》なのがインターネット。しかし、利用《りよう》するにあたって注意《ちゅうい》すべきことがあります。

ネットに流《なが》れるニュースは信用《しんよう》できる?

何《なに》かを調《しら》べるときに、インターネットはとても便利《べんり》な存在《そんざい》です。しかし、インターネットで最初《さいしょ》に目《め》にした情報《じょうほう》をそのまま“うのみ”にしてしまうと、かたよった考《かんが》え方《かた》や間違《まちが》った情報《じょうほう》を信《しん》じてしまうことになりかねません。

インターネットのニュースのなかには、勘違《かんちが》いや確認不足《かくにんぶそく》、あるいは思《おも》い通《どお》りに人《ひと》を動《うご》かすために意図的《いとてき》にウソを書《か》く「フェイクニュース」もあります。

また、インターネットには「自分《じぶん》が好《す》きな情報《じょうほう》が集《あつ》まる」「同《おな》じ意見《いけん》の人《ひと》の声《こえ》しか聞《き》こえなくなる」という特性《とくせい》があります。取《と》り入《い》れる情報《じょうほう》にかたよりがあると、それを受《う》け取《と》る人《ひと》の考《かんが》え方《かた》や世界観《せかいかん》をゆがめてしまうおそれもあるのです。

1つの情報《じょうほう》だけに頼《たよ》らない

だからこそ重要《じゅうよう》なのは、「メディアリテラシー」(メディアを使《つか》いこなす能力《のうりょく》)を高《たか》めることです。「これは本当《ほんとう》なのか?」と一度《いちど》立《た》ち止《ど》まって考《かんが》えたうえで、「誰《だれ》が言《い》っているのか」「誰《だれ》が発信《はっしん》しているのか」という情報源《じょうほうげん》を調《しら》べられるようになるといいでしょう。

たとえば、新聞《しんぶん》やテレビが流《なが》す情報《じょうほう》は正《ただ》しいことが“多《おお》い”といえます。それは、その情報《じょうほう》を世《よ》に出《だ》す前《まえ》に複数《ふくすう》の情報源《じょうほうげん》に取材《しゅざい》し、多《おお》くの人《ひと》が事前《じぜん》にチェックしているからです。それでも、これらのメディアが「間違《まちが》っていない」とは言《い》い切《き》れません。

1つの情報《じょうほう》に頼《たよ》るのではなく、インターネットや新聞《しんぶん》、テレビ、書籍《しょせき》など多様《たよう》なメディアからいろいろな意見《いけん》・情報《じょうほう》を集《あつ》めて、自分《じぶん》なりに考《かんが》えることが大切《たいせつ》なのです。

監修

池上 彰（いけがみ・あきら）

1950年、長野県松本市生まれ。ジャーナリスト。名城大学教授、東京科学大学特命教授など6つの大学で講義も担当する。慶應義塾大学経済学部を卒業後、NHK入局。記者として数多くの事件や社会問題を取材する。その後、1994年4月からの11年間、NHKのテレビ番組「週刊こどもニュース」のお父さん役で活躍。わかりやすい解説で、子どもからシニア層まで幅広い人気を得る。2005年にNHKを退局、フリージャーナリストに。現在も、執筆・取材活動を中心に、各種メディアで精力的に活動している。一般読者に向けた数々のベストセラー・ロングセラーのほか、『これから大人になる君たちへ』（KADOKAWA）、『なぜ僕らは働くのか』（Gakken）、『なんのために学ぶのか』（SBクリエイティブ）など、子ども向けの著書・監修書も数多い。

おもな参考文献

『世界史で読み解く現代ニュース<宗教編>』池上彰・増田ユリヤ、『歴史で読み解く！世界情勢のきほん』池上彰、『ニュース年鑑2022』『ニュース年鑑2023』『ニュース年鑑2024』池上彰監修（以上、ポプラ社）／『知らないと恥をかく世界の大問題15　21世紀も「戦争の世紀」となるのか？』池上彰、『イラスト図解 社会人として必要なニュースの読み方が５時間でざっと学べる』池上彰（以上、KADOKAWA）／『狙われた国と地域２　台湾』松竹伸幸監修、稲葉茂勝著（あすなろ書房）／『一気にわかる！池上彰の世界情勢2025』池上彰（毎日新聞出版）／『池上彰と考える「民主主義」（１）民主主義ってなに？』池上彰監修、こどもくらぶ編（岩崎書店）／『NHK週刊こどもニュース　親子で総チェック！　ニュースのことば×100』NHK「週刊こどもニュース」プロジェクト編（NHK出版）／『池上彰のこれからの小学生に必要な教養』池上彰（主婦の友社）／『池上彰の 君と考える戦争のない未来』池上彰（理論社）／『改訂版 経済用語イラスト図鑑』鈴木一之監修（新星出版社）／『国際会議の大事典 SDGsから知る世界の会議』鈴木一人・富田麻理・関眞興監修（くもん出版）

＊ほかにも、新聞やインターネット記事など
　多くの文献・資料を参考にさせていただきました。

※本書に掲載している情報は、2025年３月17日時点までのものです。

クイズで学《まな》べる！　こども世《せ》界《かい》情《じょう》勢《せい》

2025年4月28日　初版発行

監修／池上《いけがみ》 彰《あきら》

発行者／山下直久

発行／株式会社KADOKAWA
〒102-8177　東京都千代田区富士見2-13-3
電話 0570-002-301（ナビダイヤル）

印刷所／株式会社KADOKAWA

製本所／株式会社KADOKAWA

●お問い合わせ
https://www.kadokawa.co.jp/（「お問い合わせ」へお進みください）
※内容によっては、お答えできない場合があります。
※サポートは日本国内のみとさせていただきます。
※Japanese text only

定価はカバーに表示してあります。

ISBN 978-4-04-811479-0　C0036

◆◇◇